谨以此书献给所有不甘于平凡的人们

世界上最可怕的力量是习惯,世界上最神奇的力量也是习惯;我们会成为什么样的人,全看我们重复做什么样的事。

培训专家企业家首次联手　致力打造中国式优秀员工

中国式优秀员工教育读本

李晓兵◎编著

帮助员工纵横职场　实现员工职业梦想
提升员工自身素质　成就员工卓越人生

优秀员工总是那些热情满怀、激情四射的员工，他们像热爱生命一样热爱工作。

成为一名中国式的优秀员工，不仅是所有员工的心愿和梦想，也是每一家企业所期待的结果。

中国言实出版社

图书在版编目(CIP)数据

中国式优秀员工教育读本/李晓兵编著.
—北京:中国言实出版社,2011.1
ISBN 978-7-80250-387-8

Ⅰ.①中…
Ⅱ.①李…
Ⅲ.①企业—职工—修养—中国—通俗读物
Ⅳ.①F272.92-49

中国版本图书馆 CIP 数据核字(2010)第 213296 号

出版发行 中国言实出版社
地　址:北京市朝阳区北苑路 180 号加利大厦 5 号楼 105 室
邮　编:100101
电　话:64924716(发行部)　64963101(邮　购)
64924880(总编室)　64914138(四编部)
网　址:www.zgyscbs.cn
E-mail:zgyscbs@263.net

经　销 新华书店
印　刷 北京市德美印刷厂
版　次 2012 年 2 月第 1 版　2012 年 2 月第 1 次印刷
规　格 710 毫米×1000 毫米　1/16　15 印张
字　数 200 千字
定　价 32.00 元　ISBN 978-7-80250-387-8/F·326

前 言

Preface

在职场中，很多员工经常发出这样的感慨：同在一个公司上班，同样的学历背景，却有着不一样的结果。有的人从最普通的员工，一步步成长为公司最优秀的员工，甚至不断地提升到主管、经理……而有的人不但不能实现自己的晋升、加薪，反而年复一年地在工作上原地踏步，不仅没有加薪的机会，甚至还面临被裁员、下岗的危险。

那么，如何才能改变这一现状，从而使自己成为最受企业欢迎的员工呢？一位知名的企业家在谈到"谁是最受企业欢迎的人"时说："他必须是一个拥有良好道德修养的人、必须是一个富有团队合作精神的人，必须是一个敢于负责人的人、必须是一个敬业并善于创新的人、必须是一个全心全意做好本职工作的人、必须是一个诚实并且勇于进行自我批评的人……只有这样的人，才能成为企业最受欢迎的人。"

的确如此，尽管每个公司对员工的要求不同，尽管他们对优秀员工的界定有千差万别。但是只要我们细心研究就不难发现，任何一个企业要求的优秀员工无非就是拥有良好的道德素质，能够以主人翁的态度关心集体、关心企业的发展，能以集体利益为重，积极主动的为企业的发展出谋划策；在工作的时候能够带着自己的思想去工作，用智慧为企业、个人赢得发展的前途；能够独当一面，胜任本职工作；能够做到干一行、爱一行、钻一行、精一行；并且还能够有效的管理自己的时间、情绪，进行卓有成效的工作……

可以说，在当前社会，如何成为一名中国式的优秀员工已经成为众多员工的心声。尤其是在这个充满竞争，知识、信息快速更新和迅速发展的时代，企业已经成为很多人的发展平台。任何一名员工，要想实现自己的事业理想，就必须借助于公司这个舞台。然而，在当今的职场中，生存越来越艰难、竞争也越来越激烈，作为一名员工，只有从全方位提升自己的素质，才能在职场中站得住脚，进而才有机会去奋斗，最终才能实现自己的人生价值！

本书正是以此出发，分别从老板、员工的角度，深入浅出的分析了什么样的员工才是企业最欢迎的人。在文中，列举了大量的事实例证，用简洁明了的语言为大家阐明了深刻的道理，让大家在不知不觉中感受、学习优秀员工所具备的道德品质。

本书是员工从平凡走向优秀、卓越的最佳读物，它为正陷入泥潭中的职场人士指明了方向。只要你能够对照书中的指导，弥补自己的不足，就一定能成为中国式的最优秀的员工！

目 录
Contents

第一章 优秀的人品，是你的第一张名片

一直以来，“德才兼备”都是一个企业对员工的最高评价。但是，当“德”与“才”不能兼备，一定要对两者作出选择的时候，多数企业都会更看重“德”。所谓“德”就是人品，对于一个企业来说，它不仅代表着忠诚、敬业、勤奋，更是职业精神的核心。所以，人品就犹如一张名片，在某些时候，它就是你的全部身价。

第二章 工作态度比能力更强大

未来学家弗里曼在《世界是平的》一书中提到：“二十一世纪的核心竞争力是态度。”可见，在当今职场中，积极地态度已经成为一种最稀缺的资源，它甚至比任何能力都强大，可以决定一个员工的未来，可以提高员工的竞争力。

第三章 明星员工,从良好的习惯开始

培根曾说:"人的思考取决于动机,语言取决于学问和知识,而他们的行动,则多半取决于习惯。"习惯是一种强大的力量,可以决定一个人的成败,影响一个人的命运。尤其是在职场中,只有培养出好的工作习惯,才能冲破职场中的层层阻碍,才能在职场中茁壮的成长,最终成为最优秀的员工!

第四章 打造高效执行力,让你为众人瞩目

有一位成功大师曾经说过:"凡事马上行动,立刻行动,你的人生才会不一样。"在职场中,我们经常会发现"语言上的巨人,行动上的矮子",这些人只

会夸夸其谈，从来不会将自己的想法变成现实，这也注定了他们永远都只能是平凡的员工！

第五章 像老板一样对待你的公司

公司是船，员工是船员；公司是员工发展的平台和载体，员工是公司的主人，掌握着公司的发展方向。只有每一个员工像老板一样对待公司，把公司的工作当成自己的事业来经营，和公司一同乘风破浪，就一定能够在这个舞台上实现自己的梦想！

第六章 巧用团队合作，为工作锦上添花

中国古代就有“一支箭易折断，一把箭难折断”的说法。对于企业而言，只有拥有一个善于合作的团队，才能够在竞争中站得住脚；对于职场的员工

来说，只有学会合作，才能帮助自己不断的前进。

第七章 带着思想工作，做创新型的好员工

古希腊的佛里几亚国王葛第士在战车上打了一连串的结，并预言道：“谁能解开这个结，谁就可以征服亚洲。”直到亚历山大挥军进入小亚细亚的时候，也没有人将那个结解开，于是亚历山大毫不犹豫的拔出剑砍断了绳结。后来，亚历山大一举占领了波斯帝国，实现了葛第士的预言。同时，我们也看到了亚历山大敢于舍弃传统思想，大胆创新的一面。

第八章 学会自我管理，做最优秀的员工

在如今这样一个快节奏的社会中，忙碌似乎成了成功人士的先兆。同时，我们又会发现，也有一部分人在轻松和愉快中就实现了自己的成就；而整天忙忙碌碌却又一无所获的也大有人在。为什么会有这样的现象呢？答案就是——自我管理。

第九章 全“心”全意做优秀员工

在踏入公司的那一刻起,很多人都会对自己说“我要做最优秀的员工”,然而在残酷的现实面前,很多员工往往会和优秀失之交臂。其实,工作和生活是公平的,他们赋予我们每个人相同的机会。面对机会,如何成为一个优秀的员工,关键就在于自己如何来把握。

附 录

第一章　优秀的人品，是你的第一张名片

一直以来，“德才兼备”都是一个企业对员工的最高评价。但是，当“德”与“才”不能兼备，一定要对两者作出选择的时候，多数企业都会更看重“德”。所谓“德”就是人品，对于一个企业来说，它不仅代表着忠诚、敬业、勤奋，更是职业精神的核心。所以，人品就犹如一张名片，在某些时候，它就是你的全部身价。

1 道德为你引航

无论你从事哪种职业，也无论你在哪个岗位，突出的业绩都是我们工作的要义。但这并不是说，能力代表一切，优秀的人才还要有优秀的人品。人品，其实就像火车的路轨，而才能则更像发动机；如果路轨偏了，方向错了，发动机的性能再好，功率再大，也无法达到最终的目的地。闻名世界的实业家马歇尔·菲尔德曾经说过一句话，他说："对于一个初出茅庐的年轻人而言，做人的首要品质是诚实、勤奋、节俭和正直。这些品质比什么都重要，是任何时代都不能缺少的。一个人如果没有这些品质，就算再聪明，也必定一事无成。"世界著名企业索尼的创始人盛田昭夫也说："如果你有某种权力，那算不了什么；但如果你拥有道德良知，你就会获得许多权力无法获得的东西，这就是每一位优秀雇员都应具备的素质！"

杜邦公司是世界500强企业，他们对员工的要求也很高。在一次招聘中，有一个年轻的小伙子前来面试，他在初试和复试中都表现得非常优秀，因此，两天之后又被通知参加最后一轮面试。但是这一次，他真的遇到了难题，结果被淘汰了。小伙子感到非常沮丧，正当他无奈地起身要走的时候，胳膊一阵剧痛，原来是椅子木扶手裂开了，划伤了自己的胳膊。小伙子走上前，拿起面试官桌子上的小刀，把木刺削平，然后朝面试官鞠了一躬，转身就要离开。

这时，面试官拦住他问道："你已经被淘汰了，为什么还在意椅子上一颗小小的木刺呢？"

小伙子笑了笑，说："这和面试的结果没有关系，我只是不想让下一个人和我一样被划伤。"

面试官点了点头，拍着小伙子的肩膀说："你被录取了！"小伙子满脸惊愕，感觉像是做梦一样。面试官笑着解释说：“我们向来最看重的就是职业道德，因为专业知识的欠缺完全可以通过努力来弥补，然而道德却是一个员工最宝贵的品质。”

很多时候，我们判断一个人能否做好工作的标准，并不是要看他有多少工作成果，而只需要看他的人品，就能揣摩出大概。真的这么好用吗？是的，这样的结论一点也不夸张，因为一个人如果有好的人品，就不会为了一己私利而做出违背诚信或是公司利益的事情。对于某项工作，即便他的能力不够，不能胜任，他也绝不会敷衍了事。同样，我们也可以反过来说，不管一个人的工作是什么，看看他对工作的态度，也就能知道他的人品如何了。因为工作不仅是一个人能力的表现，更是他的人格、志趣、理想的表现。所以说你的人品如何，在日常工作中就会反映出来。

说到这个话题，就免不了要提到一个人的名字，那就是富兰克林。美国第一任总统华盛顿曾说：“在我一生当中，最让我佩服的人只有三位，第一位是富兰克林，第二位也是富兰克林，第三位还是富兰克林。”富兰克林，曾经不过是一个排版工人，为什么能得到美国“国父”如此之高的评价呢？这还要从他做排版工人的时候说起：

富兰克林少年时，家里生活很窘迫，父母整天为生计发愁。因此，富兰克林很早就自己出去谋生，以减轻家里的负担。在费城，有一个叫凯莫的人需要熟练的排版工人，于是就聘请了富兰克林，还答应给他高薪，让他管理自己的印刷铺子。富兰克林答应了。

但是没多久，富兰克林就发现这个老板的名声很不好，而且这里的其他工人都是生手。聪明的富兰克林很快就意识到老板不过是利用他来培训这些工人，等工人们掌握了技术就会把自己赶走。但富兰克林并没有因此懈怠这份工作，他依旧认真地教他们技术，因为他觉得既然要做就要做好。

几个月后，老板凯莫发现自己廉价雇来的工人已基本掌握了技术后，对待富兰克林的态度就发生了转变。他经常无故找茬，甚至克扣富兰克林的薪水。一次，凯莫为了一件很小的事对富兰克林大发雷霆。富兰克林很生气，于是当着工人们的面说："凯莫，我早就看出你的心思了。我做人最讲诚信，不会因为你的卑鄙，就传播给他们错误的技术。现在，他们基本掌握了，我是不是也该走了？"说完，富兰克林收拾行李离开了凯莫的铺子。

后来，富兰克林依靠出色的印刷技术和优秀的人品赚了一些钱，拥有了自己的印刷铺，当上了老板，成为一个企业家。不仅如此，富兰克林还是一位著名的政治家、科学家，是被世界公认的德才兼备的光辉典范。

富兰克林在刁钻老板凯莫的印刷铺的这段经历，不过是他人生当中一个不起眼的小片段，但他所体现出的人格的力量却至今令人钦佩不已。作为一个能力超群的企业家、政治家和科学家，富兰克林的才华举世瞩目，但他看重的从来不是这些，而是自己的德行。在领导眼里，德才兼备的人才是他们追求的"香饽饽"。所以，当你觉得总是怀才不遇时，不妨问问自己：我是一个德才兼备的人吗？我在拥有超强能力的同时，也拥有优秀的人品吗？如果答案是肯定的，那请继续努力；如果答案是否定的，那请努力改正。

2 勿让贪婪葬送了你的前程

在著名的《伊索寓言》中，有这么一段话："贪婪往往是祸根的源泉，那些因为贪图大的利益而把手中东西丢弃的人，是愚蠢的。"同样，培根也曾说："如果金钱不是你的仆人，它便将成为你的主人；一个贪婪的人，与其说他拥有财富，不如说财富拥有他。"

可见，贪婪是一种顽固的疾病，人们极容易成为贪婪的奴隶。众所周知，金钱和权力是一把双刃剑，既能给我们天堂，同样也能把我们带入地狱。当你成为金钱和权力的主人时，它便可以给你动力、促使你奋斗不息；当你成为金钱和权力的奴隶时，便会让你奢侈成性，最终毁掉自己的大好前程。

很久以前，有一个非常贫穷的年轻人，偶然间救了一个部落首领的命。因此，部落首领决定奖赏这个年轻人，当首领问这个贫穷的年轻人想要什么的时候，年轻人说："我想要一块土地。"听罢，首领点点头道："好吧，你就从这儿向西走，你可以一边走一边做标记，只要能在太阳落山之前走回来，标记之内的土地就是你的了。"

听完首领的话，年轻人非常高兴。于是他立即向西出发，他一边向前走，一边做标记，心里还不停的畅想美好的明天。当他走了很远很远，本来就可以在太阳落山之前赶回去了，可是年轻人想："为何不多要一点土地呢？"于是，他根本没去理会什么时候回去，只是一味的向前走。

年轻人不停地向西走，直到太阳落山还没有回来，原来他为了得到更多的土地，越走越远，还没有等回到原地，太阳就落山了，而他自己也累死在了回来的路上。

人们无不为年轻人感到惋惜。如果不是因为贪婪，他或许就可以拥有一块属于自己的土地，过上幸福的生活。然而就是因为没有逃过贪婪的陷阱，最终不但没有得到一寸土地，反而搭上了自己的性命。

对于职场的员工来说更是如此，员工对财富的欲望一旦变成贪婪，就不会像以往一样勤勤恳恳的工作，而是想方设法从公司谋取利益，有的贪婪员工甚至不惜牺牲公司和部门的利益来达到自己的目的。君子爱财，取之有道。优秀的员工只会通过自己的努力，将自己作为权力和金钱的主人，充满激情的工作；相反，贪婪的员工最终也会葬送自己的前程。

在职场中，很多员工背负着巨大的贪婪之心，这些员工时时刻刻生活在欲望的煎熬之中。有时侯，他们竟然忘记了自己的使命和职责，为了争夺利益不顾大局，甚至牺牲公司、领导和同事的利益来达到自己的目的。

林军是某知名企业的一个技术主管，他毕业于一个名牌大学，再加上勤奋、努力，进入公司后，由于技术能力突出，再加上较强的管理能力。很快就得到领导的赏识，被提拔为企业的技术主管。

当上技术主管之后，林军一如既往的努力工作。然而越来越多的人开始有意无意的请林军吃饭、泡吧，这些人当中有自己公司的，也有其他公司的员工。起初，林军认为这只是自己的私生活，和工作没什么关系。

时间久了，林军和其他公司的人越来越熟悉。有一次在吃饭的时候，其他公司的一个朋友问其公司新研发的技术，并且悄悄地告诉林军，只要他给指点一二，便会给林军优厚的报酬。在金钱的欲望下，林军"毫不客气"的为其他公司出谋划策，甚至将自己公司新研发的有关技术告诉了对方。

世界上没有不透风的墙，不久东窗事发后，公司领导非常生气，一气之下将林军告上了法庭。

原本是知名企业的佼佼者，就因为自己一时被贪欲所控制，自己的大好前程就被毁掉了。我们在替林军惋惜的同时，也应该从中吸取教训。作为一名企业的员工，不仅要勤勤恳恳的工作，更重要的是要有一颗道德心，时刻保持清醒的头脑，不让自己在贪婪面前跌跤。对于金钱和权力，很多人都无法抗拒，于是贪婪欲望开始泛滥。然而古人告诉我们"君子爱财，取之有道"，如果只是一味的用权力谋私利、用职权祸害一方，必然会导致悲惨的结局。

在职场中，我们经常会发现很多工作多年的人固守在普通的岗位上，然而他们并非是平庸之辈，甚至他们拥有比老板更出色的才能。相反，而职场中的很多年轻人，不安于现状，心中充满了暴富的想法，这样的年轻人常常会因为一点小恩小惠就掉进贪婪的陷阱中。一旦陷入贪婪的陷阱中，不但会丧失原先那些光鲜的资本，甚至还会因此而付出沉重的代价。尤其是对于刚刚步入职场不久的人来说，明白这些道理固然重要，切不可因为自己的一时冲动，陷入无法自拔的贪婪陷阱中。

面对金钱和权力，所有的人都会蠢蠢欲动，优秀的员工会将其作为自己奋斗的动力；愚蠢的员工则被其束缚了手脚，成为贪欲的奴隶，从而将自己的大好前程葬送掉！

3 都是狂妄惹的祸

在中华民族的传统美德中，一直都是崇尚谦虚厌恶骄傲狂妄。古往今来，狂妄一直是被人们所唾弃的。然而，当一个人只看到自己的优点，而忽视自己的缺点，狂妄的情绪就会滋生。

狂妄是一种幻觉，狂妄的人都是睁着眼睛做白日梦，幻想自己能够得到一切东西，认为自己强大得无人能比；同样，狂妄也是一种消极的心态，一种源于内心深处的固步自封。一般来说，狂妄的人都有自己的独到之处，他们或许有着傲人的学历，或许有一技之长，却看不起不如自己的人，从而导致很难与人合作。还有一部分人由于没有真才实学，而为了掩饰自己的无知，便故意采取狂妄这种姿态，希望借此来保护自己。其实，这种人的狂妄之举往往是由他们内心的恐惧心理造成的。

有这么一则寓言故事：

有一次，人们选中了一头驴，驮着神像穿城而过。很多人从四面八方赶过来，都为目睹神像的威严，拥挤过来的人群，看到神像之后，自动的站在街道的两旁，十分恭敬的看着神像。

当那头驴驮着神像经过人群的时候，所有的人都开始鞠躬致敬，甚至有的还跪在前方，向神像祈祷。驴看到这么多人对自己膜拜,顿时觉得自己是一头了不起的动物。

“真没想到,原来我是如此的了不起,这么多人对我毕恭毕敬,居然还有人给我下跪磕头。想想看,一直以来我都是兢兢业业,一向按照主人的吩咐办事,如今我总算可以扬眉吐气一回了。”

于是,这头驴决定试试自己的力量。为了在这里再站一会儿,得到人们的赞美和膜拜,他决定不走了。

谁知,刚刚停下来他就狠狠地挨了一鞭子。“走!快走!”主人气冲冲地喊道。“主人,在这美好的时候,你就让我享受一下人们的膜拜吧!”驴刚刚说完,主人就哈哈大笑道:“真是一头蠢驴,人们是对你背上驮着的神像感兴趣,不是你,赶快走吧,否则我就要生气了!”

看到这个故事,相信很多人都会觉得这头驴未免太“自作多情”了。的确,这个寓言故事讽刺了那些没有自知之名、妄自尊大的狂妄之人,他们常常以为自己很了不起,殊不知在别人的眼里,自己就像这头蠢驴。

现实生活中,不乏妄自尊大的人。尤其是在职场中,总有一部分员工认为出身名牌大学,自认为自己了不起,觉得自己能力过人,于是就觉得自己拥有了骄傲的资本,进而经常和同事不团结,对领导不尊重,凡事独来独往。

人们常说:“人无完人,金无足赤。”如果一个员工认识不到“人外有人,天外有天”,必然会陷进狂妄的泥沼中。在我们的工作中,只有远离狂妄,才能和同事、上下级之间打成一片,进而赢得他人的帮助,赢得自己的一番事业;相反,那些在工作中产生了骄傲情绪的员工,必然只能原地踏步,即便是偶尔取得了一丁点儿的胜利,也会因此而变得飘飘然,从而使自己掉进狂妄的陷阱中。

有一个博士,毕业之后分到一个研究所工作,博士一来就成为整个研究所中学历最高的人。有一天,领导交给博士一个非常重要的任务，并且告诉博士，研究所会派两个前辈帮助他完成这项工作。

听完领导的吩咐之后，博士头也不回地回到了自己的办公桌前，而和他合作的那两个人却还在那里商量怎么计划，博士心想："听说他们俩也就是本科学历，懂什么啊，有啥好计划的。"于是，博士开始自己独立钻研，按照自己的想法一步步地进行。

随着时间的流逝，马上就到了任务完成的最后期限。博士为此十分上火，明明是一个非常简单的任务，本来还想借此显示一下自己的能力。谁料，事到临头，还没有一点头绪。

这时，那两个博士看不起的前辈，来到博士面前，将他们讨论的研究计划详细地给其介绍了一番，并决定三人合作。面对这两个人坦诚的面孔，博士不得不承认自己的不足。

纵然自己拥有高人一等的学历，但由于缺乏工作经验，在实践工作中依然显得青涩，需要"前辈"的帮助。然而这位博士却狂妄自大，认为没有自己办不成的事，甚至都懒得和低学历的人说话，更不用说什么合作了。但是，随着时间的流逝，博士的狂妄梦也被打破了，在残酷的现实面前惊醒，通过两个"前辈"的教导，终于在最后完成了任务。

在职场中，没有一个领导、同事喜欢狂妄自大的人，这种人不但得不到领导的重视，也不会得到同事的帮助；相反，只有时刻保持谦虚的态度，时时刻刻看到自己的短处，虚心向别人学习，才能少走弯路，尽快取得成功。

对于初涉职场的新人，不论你有多高的学历，一旦步入职场，必然出现暂时性的迷茫，没有方向感，工作不知道该如何下手。这时，我们要做的不是用狂妄自大的姿态来掩饰自己，而是应放下所谓的骄傲，懂得尊重同事，虚心的向他人请教。只有将自己的心态归零，放下架子，一切从头开始，方能取得最终的胜利。

4 诚信，职场道路上的第一个通行证

自古以来，诚信就是人们日常生活中不可或缺的一种品质。孔子曰："知之为知之，不知为不知，是知也。"孟子认为："至诚而不动者，未之有也；不诚，未有能动者也。"墨子也认为："志不强者智不达，言不信者行不果。"可以说在中国古往今来，诚信一直备受推崇。不仅如此，在外国，诚信也是日常生活中的行为规范。对此，波士顿市长哈特就曾说过："诚实是一条自然法则，违背它的人会得到报应，受到应有的惩罚，就像万有引力不可违背一样，诚实的定律也是不可违背的。"

同样，对于职场人士来说，诚信更是其不可缺少的一种品质。在职场生活中，无论是初涉职场的新员工，还是久经沙场的老员工，都离不开诚信这个基本的生存原则。一个员工一旦丧失了诚信，就丧失了立足职场的资本。无论你拥有多么高的学历、背景和能力，如果没有诚信，一样不会被企业认可。

一般来说，诚信是员工的第一张名片，是职场道路上的第一个通行证，是其立足于职场的最基本条件。同样对于企业来说，他们在选择人才的时候，最看重的也就是员工的道德品质，而在众多道德要求中，诚信居其中第一位。任何一个企业都不会容忍欺骗自己的员工，一旦发现员工的欺骗行为，必然会毫不留情的将其扫地出门，绝对不会给其任何机会。

有一位在德国留学的中国学生，毕业之后开始了自己的求职生涯。这个留学生毕业于德国名牌大学，能力非常高，本来以为可以轻松的找到一份工作，然而在他的求职路上却处处碰壁。

他应聘的第一家公司是德国一所知名的企业，由于其过高的学历和能力，面试官对他十分满意。然而面试官看完他的档案之后，却毅然拒绝了这位年轻的留学生。无奈之下，这位留学

生只能重新找其他公司。但意外的是，所有的公司都拒绝了他。

最后，这位留学生来到一家非常小的公司，没想到同样的事情又发生了，这位德国留学生非常生气，拍案指责道："你们这帮人，真是不识人才！"而面试官则不慌不忙地说道："先生，你看看你的档案，其中有三次逃票记录。"这位留学生顿时更加生气："原来就是因为这点小事，这不是小题大做吗？""在我们德国，抽查逃票的几率一般为万分之三，而先生你的档案中居然有三次记录，也就是说，先生大概逃票一万多次，这种不诚信的人，对于我们来说，是不可饶恕的。"面试者说完之后，将其请出了公司。

一位堂堂的留学生，纵然拥有高学历、高能力，仅仅因为自己的不诚信，而把自己的职场路活活的堵死了。一般来说，违背职业道德的员工很难在公司站得住脚，任何一个规范化的公司都不会雇用一个不讲诚信的员工。

对于一个员工来说，"做老实人，说老实话，办老实事"不仅仅是一项行为规则，更是自己职场道路上的通行证，是自己生存的法宝。在职场生活中，每一个人都会或多或少的遇到各种各样的困难和诱惑，只有诚信的员工才能顺利地走下去，一直走向成功的彼岸。

陈涛高考落榜之后，来到城市打工。然而几乎所有的招聘中都要求应聘者必须是大中专以上的学历，为此，陈涛失去了最起码的竞争机会。

正在陈涛一筹莫展的时候，很多朋友给他出了一个"好主意"——办一张假文凭，甚至有的朋友热心的帮他联络了好几个办假证的地方。反复思考之后，陈涛还是谢绝了朋友的建议，他希望通过自己的努力找到一份合适的工作。

功夫不负有心人，陈涛终于看到一份招聘管理员的信息，尽管身边很多人都持有"大中专"文凭，陈涛还是恭恭敬敬的将自己的高中毕业证递了过去。不一会儿，面试官就把其他人的证件退了回来，唯独留下了陈涛的，并告诉他被录取了。

原来，那些被退回来的证件都是假的。

职场的道路并非一帆风顺，正如陈涛一般，进入职场可谓是艰难万分，虽然自己没有高学历，在竞争中明显的弱一点儿，然而陈涛用自己的诚信赢得了面试官的青睐，为自己的职场道路打开了大门。

一家大型公司的主管在谈到诚信问题时说："对于一个企业来说，诚信的员工是公司最宝贵的财富。在企业众多的价值观念中，诚信占据第一位，一个公司所有的员工，无论是经理，还是最普通的员工，都应该将诚信放在第一位。只有这样，公司才不会做出伤天害理的事，员工才能得到更好的发展。"

正如"车无椽不行，人无信不立"所言，只有良好的信誉才能为自己以后的事业奠定基础，任何一个员工，只有具备了诚信这种品质，才能赢得领导的青睐、同事的尊重、事业的成就。

诚信是衡量员工人品的试金石，是员工职场奋斗道路上的通行证，只有具备坦率、诚实的品质，才能走得更高、更远！

5 自信乐观，开启成功的金钥匙

有这么一则故事：

两个人横穿沙漠，备用的水已经用完了，再加上高温的天气，其中一个人中暑倒下了。无奈之下，中暑的人只能留在原地，而另外一个人前去寻找水源。临走之前，另外一个人将三发子弹和一把枪留给了那个中暑的人，并叮嘱道："你每隔三个小时向天空放一枪，我一定能够把水找回来的。"

另外一个人出发之后，只剩下那位中暑的人。时间在一点点的过去，很快，他就向天空放了第一枪，去找水的人仍然没有出现，接着又过了三个小时，第二枪同样没有带来消息。“现在只剩下最后一颗子弹，如果同伴找不来水怎么办，如果这枪仍然没有唤回同伴，自己只有在沙漠中慢慢的干渴而死。”思想挣扎了几秒钟之后，他把最后一枪对准了自己的脑袋。然而万万没有想到的是，就在这个时候，他的同伴带来了水。

原本可以唤回伙伴、唤回水、唤回生命的一枪，却早早的结束了自己的生命。这所有的一切，皆因自己没有信心和毅力而起。

自信乐观的态度是开启成功的金钥匙，是成功者的秘诀。尤其是对于职场的人士来说，自信乐观必不可少，是其征服领导、征服职场的必备武器。古今中外，大凡事业上有所成就的人，都是自信乐观的人。

在企业家的眼中，最受企业欢迎的人应该是充满自信、积极乐观的员工，只有乐观自信的员工，才能和同事打成一片，才能在工作中富有激情，才能敢于挑战各种工作和任务。这样的员工不仅受到同事的喜欢，更会受到领导的青睐；相反，那些消极、悲观的人，不但会影响身边的同事，还会影响自己的工作效率，不能更好地发挥自己的能力。

一般来说，个人成就的大小，往往和其自信程度有一定的关系。

拿破仑在率领军队登上阿尔卑斯山的时候，对他的士兵说：“我比阿尔卑斯山高，你们呢？”士兵听后默不作声，就在这时，一个士兵回答道：“我也比阿尔卑斯山高。”于是，其他的士兵纷纷说：“我也比阿尔卑斯山高”，拿破仑高兴地说道：“好，只要你们有这样的自信，我们就是一支战无不胜的军队！”

后来的历史也再次验证了拿破仑的这句话，可见，一个人连自己都不相信自己，还有什么资本来成就个人的事业呢？

职场中更是如此，乐观自信的人士，必定是工作中的佼佼者，是大家学习的榜样，是领导的青睐者。或许在公司中你并不出众，没有较高的学历，没有举足轻重的地位。即便你只是一个不起眼的角色，但是，只要你拥有了乐观自信，你就掌握了成功的金钥匙。虽然老板并没在意你的存在，只要你积极、自信的主动工作，发挥自己的特长，总有一天，你会脱颖而出的。

自信乐观是一种催化剂，可以将人的一切潜能都调动起来，让自己进入最佳状态。因此，乐观自信的员工敢于挑战自己，在遇到困难的时候，不会被困难打倒，相信自己一定能够获得成功。在职场中，竞争异常残酷，面对较大的工作压力，如果没有自信乐观的态度，很难在竞争中生存。我们只有时刻保持自信乐观的态度，时刻相信自己，就一定能成功克服种种磨难，最终获得辉煌的成就。

福特是全球知名的汽车大王，他就是依靠自信成就自己事业的人。

当福特在底特律生产汽车的时候，很多人对其冷嘲热讽，觉得这是一种不可能实现的事情，认为福特简直是在做白日梦。他们认为，汽车不过是会跑的“铁盒子”，谁会掏钱去买这个东西呢。

在一片反对声中，福特依然坚信自己，并且信心十足地对那些反对他的人说：“在不久的将来，汽车就会跑遍整个地球。”

就在人们认为其口出狂言的时候，好运出现在了眼前，福特用自己的自信和乐观证明了自己的预言。

此后，福特在开发V型引擎的时候，又遇到了同样的问题。福特提出的8汽缸引擎得到工程师的一致反对，认为这是一件不可能的事情。然而在福特的坚持下，花了一年的时间，终于把不可能的事变成了可能。

福特成功的力量来源于他的乐观自信，当一个人充满自信时，才能发挥自己最大的潜能，尽一切努力将其实现，从而把不可能变成可能。同样，在工作中，自信是一个员工最重要的东西，只有充满自信乐观，才能调动个人内在的潜能和工作热情，才能取得更好的成就！

张红一毕业就被分配到一个设计院工作，这里可谓是人才济济。工作之后，张红一下子变得自卑起来，平时沉默寡言，走路的时候也总是低着头，在公司也不爱和同事打招呼。在工作中，即便遇到难题，她也不愿意向别人请教。

进入公司两个月了，但是张红业绩平平，没有一点起色。一天下班之后，张红来到一家卖饰品的小店，心血来潮的给自己挑选了一个发卡，戴上之后，老板极力的赞美："小姐，你带上这个发卡真好看！"张红听了，顿时也觉得自己真的很漂亮。

第二天，张红带着发卡上班了，这一天她彻底转变了，她开始和同事打招呼，并且有说有笑的，遇到难题也开始向别人请教了……

不难看出，张红的转变来自心中的那份自信，以前因为自卑，导致自己在工作中毫无业绩，而现在由于心中充满了自信，从而帮其找回了久违的快乐。在职场中，不要对自己的能力怀疑，更不要有任何自卑的心理，只要拿出自己的乐观自信，就一定能够成为最优秀的员工！

6 用勤奋的汗水浇灌优秀的花朵

勤奋是所有优秀员工必备的优良品质之一。正如雷诺兹所言："如果你很有天赋，勤奋会使天赋更加完善；如果你的才能平平，勤奋会补足缺陷。"勤奋是一切优秀品质的基础，是成功降临到每个人身上的信使，只要拥有勤奋，就一定会拥有成功。

提起勤奋，可能很多人以为，仅仅是通过体力表现的。其实不然，在过去，大多数企业的工作都是靠体力完成的，因此，勤奋需要员工通过体力来实现。而现在，企业的发展不仅仅需要体力，更多的是脑力劳动。一位企业的老总曾对员工说："我们所要的勤奋的员工，不是要你们去拼体力，而是需要你们带着自己的大脑积极投入到工作中。"由此可见，一个优秀的员工是勤于思考、善于用脑子来分析问题的员工。

在这个人才辈出的时代，想要自己脱颖而出，就一定得学会勤奋这个法宝。一般来说，员工只有告别安逸，勤奋的工作，才会得到领导的赏识，才能实现自己的事业理想。虚度光阴，虽然表面上是伤害的公司，伤害的领导，但最终却是伤害了自己。如果一个员工每天都在想方设法逃避工作，把大部分的时间和精力都浪费掉，是会给公司带来不利和给老板造成麻烦，但最终的也是最严重的结果是对自己的职业生涯发展产生不利的影响。因此，任何一个有智慧、有头脑的职业人士，是不会错过任何一个提高自己的机会的。

王军是一家建筑公司的执行副总。在这之前，王军仅仅是某建筑公司的一名送水工，然而，王军不像其他人一样，只负责把水送到就草草了事。王军每次把水送到之后，总会把每一位工人的水壶装满，然后听他们讲解关于建筑方面的各项工作和信息。

王军的这一行为，很快就引起的建筑队长的注意，对此，队长还问了王军很多问题，建筑队长发现，此时王军已经掌握了相当多的知识，完全有能力胜任公司中其他职位。一个月之后，由于公司的计时员离开了，在队长的引荐下，王军顺利地当上了计时员。

当上计时员之后，王军的勤奋并没有画上句号，他依然如故，勤勤恳恳的工作，每天都是第一个来公司，最后一个离开公司。

在这期间，王军将所有的建筑工程程序都掌握得非常好，偶尔队长不在，王军还能自己安排协调工人工作。日积月累之后，王军已经对建筑行业了如指掌，不仅能做计划，还可以画草图，为公司提供方案等。

总公司的人看到王军如此勤奋，就让他做了经理助理。之后，王军慢慢地升到了执行副总的位置。

可以说，王军没有很高的学历，更没有出色的才华，他的成功完全来自于勤奋的汗水。他原本只是一名再普通不过的送水工，只是因为自己的勤奋，一步步走到执行副总的位置，他的成功是所有职场人士的楷模。

众所周知，职场的道路不是一帆风顺的，不付出努力和汗水，很难收获成功的美丽。世界上没有免费的午餐，一分耕耘一分收获，只有付出勤奋的汗水，才能有所收获。作为一名优秀的员工，无论从事何种职业，无论你身处何种岗位，我们都应该恪守勤奋，都不应该将时间和精力浪费掉，用借口来推脱工作。而是要珍惜一切时间勤奋的工作，只有这样，才能最终取得成功！

1901 年，在美国历史上，曾经出现了第一个年薪百万美金的高级打工仔，他就是施瓦伯。他出生在美国的一个农村，几乎没受过什么教育。由于家庭贫困，15 岁的时候，施瓦伯就做了马夫。三年之后，他来到钢铁大王卡耐基所属的一个建筑工地打工。

施瓦伯是一个非常勤奋的人，他一来到工地，就立志要做同事中最优秀的人。工地的生活是非常艰苦的，当别人抱怨工作辛苦、薪水低而怠工的时候，施瓦伯却默默地积累着工作经验，并自学建筑知识。

看见施瓦伯每天都在勤勤恳恳的工作，很多懒散的人就想方设法的挖苦他。对此，施瓦伯总是说："我不光是在为老板打工，更不单纯为了赚钱，我是在为自己的梦想打工，为自己的远大前途打工。我们只能在业绩中提升自己。我要使自己工作所产生的价值，远远超过所得的薪水，只有这样我才能得到重用，才能获得机遇！"

一天晚上，同伴们仍然在你一句我一句的闲聊，施瓦伯又像往常一样躲在角落里看书。这时，来工地检查的经理来了，看到施瓦伯正在看书，经理就上前翻了翻他的书和笔记，什么也没说就走了。第二天，施瓦伯就被经理叫走了，经理问他："你学那些东西做什么？"施瓦伯回答道："我想我们公司并不缺少打工者，缺少的是既有工作经验、又有专业知识的技术人员或管理者，对吗？"经理听后，非常满意地点了点头。

不久之后，施瓦伯就被升任为技师。后来，施瓦伯一步步当上了总工程师，25岁时，成为这家建筑公司的经理。

施瓦伯虽然一无所有，但是凭着自己的勤奋，一步一个脚印地走上了成功的道路。在一次演讲中，施瓦伯就提到："要想成功，最最重要的莫过于将工作看做理所当然的事。如果你非要做个贪婪者的话，那就做个贪婪工作的人吧。……在发挥相同的聪明才智的前提下，工作最多的人得到的报酬就会最多。"

或许你的天生条件要比别人差一些，或许你的学历也很低，也没有优越的背景，但你肯定拥有一种通往成功的资本——勤奋。从现在开始，试着做一个工作狂，只要让自己勤奋起来，就一定能够取得成功！

7 大公无私，从平凡到优秀的法宝

大公无私是员工从平凡到优秀的法宝。一个员工，无论有多么聪明、多么能干，如果不懂得大公无私，不能和其他人合作，再怎么努力也不会取得成功，更是无法体会到工作的快乐。大公无私的人会设身处地地为他人着想，有时候宁愿牺牲自己的利益来成全别人的利益，这样的员工自然会得到同事的帮助、领导的青睐；相反，那些一心一意只为自己利益考虑的人，最终会受到应有的惩罚。

老板在挑选员工的时候，常常把是否具有合作精神作为审核员工的一个重要标准。尤其是在当今社会，没有完美的个人，只有完美的团队。

只要每一个员工都具有合作精神，就能提高公司的业绩，从而顺利的实现员工个人的成功。因此，大公无私就显得更为重要了。一般来说，自私的人往往对其他人漠不关心，他们只会注意自己的“一亩三分地”，甚至为了达到自己的目的，不惜牺牲他人的利益。这样的员工既得不到同事的欢迎，也得不到领导的青睐，对于他自己来说，永远也只能是一个平凡的员工。

相信大家都听过这么一则寓言故事：

有人和上帝讨论天堂和地狱的差别。上帝对他说：“来吧！我让你看看什么是地狱。”说罢，他们来到了地狱中，看到一群人围着一大锅肉汤，然而每一个人却是瘦骨嶙峋，看上去非常饥饿。他们每一个人手中都拿着一个勺子，里面盛满了汤，但是无论如何也送不到嘴里。原来，这种汤勺可以伸到锅里，但由于汤勺的柄比他们的手臂还长，因此，不管如何努力，他们始终无法将汤送进自己的嘴里。这些人明明有肉汤，却无法喝到肚子里，只能望“汤“兴叹，无可奈何。

“我们再去看看天堂里的人吧！”上帝边说便带上这个人进了天堂。这里的情况和地狱差不多，一群人围着一大锅鲜美的肉汤，并且勺子柄同样很长。但是不同的是，这里的每一个人都精神饱满，正在幸福的唱歌。“同样的情况，为什么会有不一样的结果呢？”这个人不解的问上帝，上帝没有回答，只是让他继续看看。很快这个人就发现了，原来天堂的每一个人不是拼命的、想方设法的将食物送到自己的嘴里，而是相互送到对方的嘴里。这样一来，大家都能吃到鲜美的肉汤了。

寓言并不复杂，但却蕴涵着深刻的道理。天堂的人之所以幸福，是因为他们的大公无私，他们会时时刻刻替别人考虑，在利他的同时，自己也得到了一定的好处；同样，地狱的人处处为自己考虑，谁也怕自己喝不了肉汤，拼命地为自己考虑，最终只是无可奈何的望着一锅鲜美的汤。

在工作中，自私的人总是告诉自己：“我只关心我自己，只关心眼前”。他们凡事以自己为中心，不去顾及他人的利益，甚至为了自己的利益不惜牺牲公司和其他同事的利益，这样的员工最终也只会像“地狱”中的人，永远无法做出成就，永远无法实现自己的事业理想。

小王、小胡、小李和小周是刚毕业的大学生，他们同时进入了一家知名公司实习，在实习期间，四个人都表现的非常优秀，深受领导的好评，待到实习期满，他们四人顺利地成为该公司的正式员工。

就在他们转正不久，就听说公司要从部门找一个年轻、优秀的人来做总裁助理。为此，公司各部门的员工都十分努力。而他们四个人，更是最有希望的，他们四个人均是重点大学毕业，无论是学习、还是工作能力，都是不相上下的。

于是，大家都开始拼命的努力工作。综合大家的业绩和能力之后，最终有少数的人杀出重围，进入最后一轮考核中。最后一轮考核是由总裁亲自主持的，剩下的这几个人中就包括小王、小胡、小李和小周，除了他们四个人之外，还有其他两个人。

就在他们正在等待总裁考核的时候，突然进来一位陌生男子。这位男子的到来，立即引起了这几个人的注意，因为他们从来没见过这位男子，然而看情况这位男子很有可能也是来参加考核的，这就意味他们很可能又多了一位竞争对手。

陌生男子感觉到大家的目光，开始自我介绍，说自己也是公司一个部门的员工，也是来应聘总裁助理的，并且说他自己忘带笔了，想跟他们几个人借支笔用。

他们几个人面面相觑，竞争本来已经很激烈了，没想到半路又杀出个“程咬金”，这样一来，竞争就更加激烈了。如果大家都不借给他笔，岂不就是少了一个对手，更何况也不认识他。

这几个人像是有心灵感应一般，谁也没有出声，尽管他们身上都有多余的笔。然而，就在这时，一直沉默的小周站了起来，他拿出一支笔，递给了那位同事，并礼貌的说："我这支笔不太好用，你先将就着用吧！"

陌生男子接过笔，感激地握住了小周的手。而其他的人则不约而同的用白眼瞟了几眼小周。就在这时，总裁办公室的门开了，总裁面带微笑的宣布考核已经结束了，当场宣布小周顺利的成为总裁助理。

就在大家疑惑的同时，总裁感慨地说："本来你们都已经是非常优秀的人才了，但是作为一个知名公司，作为我的助理，更需要拥有大公无私的精神。"

职场中，到处充满了竞争，战胜对手，成为最优秀的员工是每个人的希望。然而那些始终为自己考虑的人，最终会因为自己的"自私"丧失掉走向优秀的机会；相反，只有那些大公无私的员工才能赢得领导的青睐，最终走向成功！

8　仁爱宽容，职场之树常青的根本

法国的文学大师雨果曾说过："世界上最宽阔的是海洋，比海洋宽阔的是天空，比天空更宽阔的是人的胸怀。"宽容是一种博大的情怀，能够包容世间的一切喜怒哀乐。同样，宽容也是一种境界，宽容是智者的境界。

对于职场中的员工来说，宽容是优秀员工的境界，是优秀员工的必备品质之一，一般来说，越是优秀的员工，其宽容的境界越高，正所谓"宰相肚里能撑船！"在当今社会，职场竞争如此激烈，员工与员工之间的摩擦也不可避免，而宽容就是人和人之间的润滑剂，能帮你消除和同事、领导间的隔膜，从而帮助你更好的立足职场。

宽容和勤奋、诚信、忠诚一样，是衡量一个员工道德标准的尺度。在工作中,宽容可以显示出自己的高雅风度。当你和同事发生争执时,当无故受到领导批评的时候,宽容的态度反而能够显示出自己的修养。同样这种宽容的态度会把一切争端平息;相反,如果得理不让人,往往会火上浇油,小事酿成大祸,后果难以设想。

有时候,宽容还是一种力量,一种能够催人上进的力量。无论是生活中,还是工作中,每一个人都会犯错,然而,错误也有无意和有意之别,只要能够拥有宽容的态度,就一定能够激发犯错误的人不断地上进。

小田虽然刚刚进公司不久,但是由于自己出色的能力和较高的人品素质,深受领导的重视,进公司不久就一路得到领导的提拔,最终坐上了公司副总的位置。

这几年来,小田在公司中,无论遇到什么事情,他都能一笑而过。刚来公司的时候,面对老员工的无故刁难,领导的批评,小田从没有任何怨言,只是不断地加以改进自己的工作,一直到没有一丁点儿错误。当上领导之后,对于下属、同事犯的小错误,他都能以一颗宽容的心来对待。为此,小田虽然年纪轻轻,却深受众人的爱戴。

每当小田谈起宽容的时候,总有一件事挂在他的嘴边:“当我还是个孩子的时候,由于父母离异,无人管教,我就经常和一些小混混儿搅在一起,养成了很多恶习。一天放学后,我走到学校门口,发现路边有一个老头儿摆了一个书摊,里面有好多小人书。在那个时候,小人书对于小孩子来说,有着致命的吸引力,我经不住诱惑,就使劲的往前挤。我把一本本小人书拿在手里,反复的翻看。当我看到别人都在掏钱买书的时候,我也非常想买一本,可是我的兜里却没有钱。‘这该怎么办呢?’我当时不停的问自己,回家拿钱怕卖完了,不回家吧又没办法。这时,突然有一个念头进了我的脑海,那就是偷!

“于是,我装作要买书的样子,趁着那个老大爷给别人找钱的时候，我将小人书偷偷地塞进了自己的书包。我非常高兴，正准备离开的时候，一个刺耳的声音在耳边响起：‘大爷，他偷你的书！’刚才一直站在我们身边的小孩发现了我这一行为，这时我心里不停地想：‘这次完蛋了！’我正在不知所措的时候，老大爷开口了：‘哦，同学，你误会了，这是我孙子。’接着大爷又说：‘你先回去吧，叫你奶奶先做饭，我一会儿就回去。’听完大爷的话，我心里非常后悔，一直躲在墙角看着那位大爷，想跟他道歉却没有勇气。

“从那以后，我就发誓做一个像老大爷那样的人，用一颗宽容的心来对待身边的每一个人。当我步入职场之后，面对同事的指责、领导的批评，我没有任何怨言，我只想着是不是自己做的不够好。”

这就是宽容的力量。事实上，我们每一个人，包括自己都在不停的犯错。然而很多人都能轻易地原谅自己犯的错，却无法面对其他人犯的错误。在职场中更是如此，如果我们不能拥有一颗宽容、仁爱的心，对同事、下属斤斤计较，不仅会危害到他人的利益，甚至还会危害到自己的利益。

小张是某公司的一名新员工，刚刚转正没多久，就被派往外地出差。和他一起去的还有一个老员工。在小张和老员工的配合下，工作进展的非常顺利。

然而，就在回来的路上，他们一不小心将手提包丢了。里面除了自己常用的东西之外，最重要的是里面还有公司的公章。对此，两个人都感到非常愧疚。当他们回到公司之后，老员工生怕这件事影响到自己的利益，对公章的问题闭口不谈，只是说工作进展的如何顺利。

他们来到总经理的办公室，汇报完工作之后，老员工就“聪明”的先走了，只剩下小张一个人，面对总经理，小张将事情的前因后果讲完之后，没想到总经理却笑着说：“我再送你一个手提包，如何？你前段工作一直都非常出色，公司早就想对你有所表示，但一直没有机会，现在正好可以实现了。”

小张回到办公室之后，将自己的手提包又转送给了那位老员工，他深知，在这次工作中，如果没有老员工的帮助，肯定不能进展得这么顺利。而对于公章的事情，小张也没有再提。面对小张宽容的态度，老员工感到万分惭愧。

只是在后来的工作中，老员工开始更加照顾小张，在大家的帮助下，小张的业绩迅速提高，一年之后，小张顺利地成为部门主管。

只要拥有一颗宽容的心，就会在宽容别人的时候，也为自己获得更多利益。小张在宽容别人的同时，也为自己的发展铺平了道路。在职场生活中，如果我们经常因为不公正的待遇，或者身边人的错误而大发雷霆的话，最终伤害的还是自己，这只是用别人的错误来惩罚自己，是一种徒劳的、于己于人都无益的行为。

在工作中，如果我们都能设身处地为他人着想，同事关系就会更加融洽，就会得到更多人的帮助。同样，只要拥有一颗仁爱宽容的心，就能得到领导的青睐，一步步走向成功的大门！

第二章　工作态度比能力更强大

未来学家弗里曼在《世界是平的》一书中提到："二十一世纪的核心竞争力是态度。"可见，在当今职场中，积极地态度已经成为一种最稀缺的资源，它甚至比任何能力都强大，可以决定一个员工的未来，可以提高员工的竞争力。

1 用热情之火照亮工作的灵魂

爱因斯坦曾说过:“热爱,是最伟大的导师。”对于热情,爱迪生也发表言论:“有史以来,没有任何一件伟大的事业不是因为热情而成功的。”可以说,热情是创造奇迹的魔力,是一切成就的前提。

对于职场人士来说,热情能够唤回生命的潜能。热情是一种动力,在你遭遇到逆境、失败和挫折的时候,热情能够给予你力量,指引你去奋斗。将热情注入工作,即便是枯燥、乏味的工作,也会变得生动有趣。此外,热情还是成就一切的前提,拥有热情的工作态度,才能够全身心的投入到工作中,从而取得事业上的成就!

在职场中,领导不喜欢没有热情精神的员工,同事也不愿意与其合作,这样的员工,是不会拥有任何提升的机会的。一个人要想在事业上取得成功,就必须端正自己的工作态度,时刻保持最大的热情。只有具备了热情的工作态度,才能够感染周围的同事,获得他们的帮助;只有具备热情,才能够获得老板的赏识,得到提拔和重用;只有具备了热情的工作态度,才能够发掘出自身的最大潜能,促使自己走向成功。

周红是国内某知名公司的一名推销员,凭着她高超的推销技巧和最大的热情,她叩开了无数经销商的大门。

一天,周红来到一家商场门口,进门之后,她首先向店员问候,然后就与他们聊起天来了。在闲聊的时候,周红发现这家商场有着非常不错的条件,于是在恰当的时机就将自己的商品推销给了他们。

然而,周红却遭到了经理的拒绝,那位经理甚至直言不讳地告诉周红:“如果我们进了你们的货,我们是会亏损的。”周红是一个执著的人,她动用了各种推销的本领,企图说服经理。孰料，那位经理根本不为所动。最后，周红只好十分沮丧地离开了商场。

周红在商场门口转了几圈之后，并没有回去，她又一次走进了商场，当她重新站在经理办公室门前时，经理却满脸微笑的迎接了她，周红还没有给他推销，他就决定订购一批货物。

对此，周红非常不解，在她的一再追问下，经理只好说出了其中的缘由："一般来说，推销商很少和店员聊天，而你却和其他的人不一样，你首先和店员聊天，并且聊得还十分融洽。同时，在你遭到我的拒绝时，并没有灰心，又重新来到商场。你正是用你的热情将我征服了。"

周红就是用自己的热情创造了一个出乎意料的结果。面对屡屡失败，只有拥有热情，就能得到成功之神的眷顾，从而更好地实现自己的事业理想。反之，如果周红因为经理的拒绝而垂头丧气的离开，那么，她又如何来提高自己的业绩呢？

在工作中，我们总会遇到这样或者那样的难题，如果没有高度的热情，就会被挫折和困难埋葬；如果拥有了热情，所有的问题也就会迎刃而解，最终打开通往胜利的大门。可以说，优秀员工的傲人业绩，来源于源源不断地工作热情，只有热爱并且专注这份工作的时候，才不会被动的工作，才不会出现做一天和尚撞一天钟的情况。

比尔·盖茨在谈到热情的时候说到："每天早晨醒来，一想到所从事的工作和所开发的技术将会给人类生活带来巨大的影响和变化，我就会无比的兴奋和激动。"可见，比尔·盖茨之所以会取得成功，完全来源于他的热情，他将工作视为自己最快乐的事情，时刻将自己最大的热情注入到工作中。

王涛毕业之后来到一家保险公司上班，保险推销是一件非常困难的事情，整整一年，王涛都没有业绩。眼看着和自己一起进来的同事，业绩突出，不断地升职加薪，而自己还是和以前一样，做着最底层的工作。

对此，王涛感到十分郁闷。有一天，王涛在无意中看了一个“休斯·查姆斯的百万美元擦鞋”的故事，从中获得了启发。回想起自己一年的工作经历，王涛感慨颇多，在工作中，屡屡受挫，每一次都是信心十足的敲开人家的大门，然后垂头丧气的离开。刚开始的时候，王涛还能经受得起失败的挫折。而现在，王涛把工作当成了一种折磨，即使在给别人推销的时候，心里也在想“反正人家也不会买”，这样一来，王涛感到工作越来越乏味，不仅没有业绩，就连工作的意义也找不到了。

总结完教训之后，王涛决定重新找回以往的激情，将工作作为自己最快乐的事情。接下来的工作中，王涛依然遇到了很多挫折，面对一个又一个人的拒绝，王涛一改往日的垂头丧气，总是充满热情的工作。

坚持了大半年，王涛已经完成了一年的计划。由于王涛突出的业绩，也受到领导的赏识，被提拔为销售部主管。在谈到工作经验的时候，王涛感慨的说：“我之所以会取得成功，完全取决于我的热情。以往，我把工作当成一种负担，整天被迫去工作，不但没有取得任何业绩，也使自己丧失了信心；而当我找回自己的热情的时候，我突然发现，成功其实离我并不远，只要付出百分百的热情，就能取得百分百的成功！”

两种截然不同的态度，造就了两种截然不同的结果。同样一份职业，充满热情的去干就会使其变得有活力，工作做得也会有声有色；而每天消极的工作只能让自己变得更加懒散，从而与成功失之交臂。

在职场中，不论你有多么高的学历、多么渊博的知识，一旦缺少了热情，那就等于是纸上谈兵，一事无成。在遇到困难的时候，不要去抱怨工作的乏味、枯燥，只要充满热情的去工作，再大的困难也会乖乖地为你让路。

2 积极的心态是驰骋职场的法宝

希尔说过:“心态决定一切。”可见一个优秀的员工,不仅要具备过硬的技术、学习能力和工作能力等,还要具备一流的工作态度。在众多的工作态度中,积极的心态就是获得职场成功的最佳保障。

积极的心态是驰骋职场的法宝。据最新调查发现,在全世界 1000 名成功人士中,积极的心态决定了他们成功的 85%,希尔在访遍世界上 500 名成功人士后说:“人与人之间只有很小的差别,但这很小的差别却造就了巨大的差距,很小的差别就是心态是积极的还是消极的,巨大的差距就是成功和失败。”由此可见,积极的心态是成功者的不二选择。

在职场中,积极不仅仅是一种美德,更是一个人应该持有的工作态度。只有具备了积极的心态,才能变得年轻活泼,充满朝气,从而主动的投身工作中。即便是遇到困难和挫折,也不会退缩,积极的心态会推动其迎难而上,挑战自我。

作为一名员工,如果没有积极的心态,就不会积极主动地投身工作。这样一来,每天敷衍了事,自然不会得到业绩,更不会得到同事和领导的喜欢。想想看,在竞争如此激烈的环境中,一个没有积极心态的人,该拿什么资本来驰骋职场呢?

老李是一家公司的老员工,从他进入公司的第一天起,老李就觉得自己是被雇佣过来的,因此只要马马虎虎就可以了。

在工作中,老李总是抱着这种消极的心态工作。年复一年,转眼间,老李已经在这个岗位上待了五年,然而老李的工资、职位还是和五年前一模一样。

最近,公司又来了一名新员工,这位小姑娘刚刚毕业,凡事都非常积极主动,不论是老板布置的任务,还是没有布置的任务，她都完成的非常出色。半年之后，这位小姑娘提升为部门主管。对此，老李十分恼火，自己已经在这个岗位上奋斗了五年，竟不如一个刚刚毕业的小丫头。

老李找老板诉苦，意在道明公司的不公平。孰料，老板不但不偏向他，反而严厉地批评道："虽然你已经在公司待了五年，可是这五年当中，你从来没有积极主动的工作，对所有的工作都是应付，完全是做一天和尚撞一天钟。你的能力和工作经验到现在也只是个新员工的水平，公司没有将你开除，已经是莫大的恩惠了。"

在这五年当中，老李就是因为自己的消极心态，白白浪费掉了青春，却一无所获。可见，在工作中，只有时刻保持积极的心态，才能不断的向前，不断的走向成功。否则，只会重蹈老李的覆辙！

或许也有很多人同意老李的看法，认为自己是在给企业打工，自己只是雇佣过来的劳动者。其实则不然，在当前社会，老板和员工的目标和利益在根本上是一致的。员工只有抱有积极的心态，才能主动积极的投身到工作中，才能在工作中创造卓越，公司也才会得到显著的收益。这样一来，员工才能够实现自己的个人价值。

在推销界，流传着这样的一个故事：两个欧洲人到非洲去推销皮鞋，由于炎热的气候，非洲人向来都是赤脚走路的。第一个推销员看到非洲人赤脚走路之后，非常失望，心想这些人都赤脚，怎么要我的鞋呢？这里肯定没有市场。于是，他立刻回到公司报告，说非洲没有市场。

第二个推销员来到非洲，看到同样的情况。然而这位推销员却万分欢喜，说道："这些人都没有鞋穿，看来这里的市场非常大。"于是他想方设法，引导非洲人购买皮鞋，最后取得了巨大的成功。

面对同样的市场、同样的赤脚非洲人，由于两个推销员的心态不一样，结果大相径庭，一个因此取得了成功，成为世界上有名的推销员；一个因此失败。由此可见，在职场工作中，只要具备积极的心态，就一定能够取得事业上的成功。相反，只会导致失败。

小朱和刘刚同在一家饭店的采购部工作，然而小朱总是埋怨经理不赏识自己，而偏心于刘刚，小朱认为自己比刘刚更加卖力。

一天早上，经理对两个人说："你们去街上看看有什么菜可以买的？"两个人就开始去市场上进行采购。

不一会儿，小朱就回来了，说："我看见一个人拉了一车的土豆。"经理接着问："多少钱？"小朱又跑出去，回来报告："5毛钱一斤"。"那他那里有多少呢？"经理再次发问，小朱又气喘吁吁的跑了出去……

过了一会儿，刘刚回来了，他向经理报告说："现在街上只有一个人在卖土豆，一共有10袋，每袋有50斤，每斤5毛钱，我觉得这些土豆价格适中，而且质量也不错，说着将两个土豆拿给了经理。"

经理看到土豆，感觉确实不错，就决定从他这里进货。这时刘刚又说："他说一会儿还会带来10筐西红柿和黄瓜，只是价钱还没有谈妥，我就把他带回来了，经理可以当面和他商量价格。"

看完这个故事，相信所有的人都明白经理为什么喜欢刘刚了。同样的一件事情，小朱要跑好几趟，经理问到什么他就问别人什么。而刘刚则不同，不但一次性将经理要的信息采集到，还能积极主动地为公司考虑。两个人之所以有差别，完全取决于两个人之间对待工作的态度。

在工作中，只要抱有积极的心态，就能更好的完成任务。难怪某知名跨国公司说："许多人都很有能力，但并不是所有有能力的人都能进入我们公司。因为，除了能力，我们更看重一个人的工作态度如何，是不是拥有积极的心态，遇事能否主动想办法解决，而不是老说一些没用的话，动不动就这也不行那也不行。”

每个老板都喜欢积极主动的员工，每个同事也都喜欢和积极主动的员工共事。因此，从现在起，只有培养自己的积极心态，才能在职场中站住脚，才能在职场竞争中取胜，才能成就自己的事业！

3 坚持不懈才会看到胜利的曙光

相信很多人都会非常疑惑，在这个世界上，聪明的人非常多，才华横溢的人也比比皆是，可真正成功的人却寥寥无几，而这成功人士中，大多是平凡的普通人，他们没有“神童”的资历，也没有很深厚的家庭背景，那么这是为什么呢？

巴尔扎克有一句名言：**“挫折，是天才的进身之阶，信徒的洗礼之水，能人的无价之宝，弱者的无底深渊。”**在职场生活中，每一个人都会遇到挫折，陷入困境，那么如何才能将自己从泥沼中解脱出来，走向胜利的高峰呢？答案就在——坚持不懈的努力中。

库雷博士曾说：“许多青年人的失败都可以归咎于恒心的缺乏。”的确是这样，无论是在职场中，还是在生活中，很多年轻人都颇有才学，具备成就事业的能力，然而他们却缺乏成就事业的执著，他们没有恒心、没有耐力，一遇到挫折就立刻退缩，因此这样的人最终只能做一些平庸的工作，过着平凡的生活。

然而纵观古今中外，许多平凡的人正是因为自己的坚持不懈，从而创造了一个又一个奇迹……

我国伟大的史学家司马迁，他当时任汉朝的太史令，因替投降匈奴的李陵辩护，获罪下狱，并得到宫刑的惩罚。受这种刑罚的人在当时是被人取笑的。然而，司马迁却忍辱负重，出狱之后，凭着自己坚强的毅力，坚持不懈地进行创作。终于在最后完成了《史记》一书，成为后人称颂的楷模。

生活的强者米契尔一生曾经遭遇到两次惨痛的意外事故。一次是在他46岁时，一次意外的飞机事故，使他身上65%的皮肤被烧坏了。在16次手术之后，他脸部毁容、四肢无法行动，终生瘫痪在轮椅上。然而，米契尔硬是凭着自己的不懈努力，6个月后，亲自驾着飞机飞向了天空。4年之后，他驾驶的飞机在起飞时突然摔回跑道，导致米契尔12块脊椎骨全部被压得粉碎，从此他的腰部以下全部瘫痪。

然而米契尔并没有灰心，依然坚持自己的理想，经过自己的不懈努力，米契尔最终成为了一个百万富翁。

无论是生活，还是工作，我们都可以称之为残酷，谁也无法预料到下一秒将会陷入什么样的困境。但是只要每一个人都有毅力，都持有一种坚持不懈的态度，就一定能够战胜困难，取得最终的胜利。

在职场中，坚持不懈的态度是成功的关键。只要将自己的理想、目标锁定，然后集中全部精力去实现它，就一定能够取得胜利。在职场生活中，每一个员工都希望自己成为最优秀的员工，每一个人都渴望得到领导的青睐，都渴望取得成功，然而，成功不是一朝一夕的努力，很多年轻有前途的员工，就是因为在困难面前无法坚持自己的目标，才导致功亏一篑。

坚持不懈的工作态度不仅仅是在遇到困难时应有的态度，在平时的工作中更应该坚持。在工作中，很多年轻人都容易心浮气躁，尤其是面对简单而又繁杂的工作，总不能心平气和的坚持努力。

有些人甚至认为，坚持不懈的态度应该是在重大问题面前，日常工作则完全没必要。其实则不然，工作没有大小事之分，无论是大事还是小事，我们必须始终如一的对待。面对困难，我们要坚持不懈；平凡的工作中，更要学会坚持不懈，只有这样，才能一步一个脚印地走向成功！

小陈刚刚进入一家公司做推销员，领导派给其一个任务，去一家小商店里推销商品。小陈听后非常高兴，公司都为其找到了客户，小陈心想，这次一定能够顺利的将其完成。

小陈来到这家小商店之后，店主正在扫地，小陈非常热情地向前打招呼，然后开始向其介绍和展示自己公司的产品，然而，店主却只是默默地望着他，对公司的产品毫无兴趣。

这时，小陈感到很疑惑，但是他仍然不气馁，继续打开所有的样本向店主推销。他认为，凭借自己的努力和推销技巧一定会说服店主购买他的产品。但是，出乎意料的是，店主暴跳如雷，将小陈赶出了店门。

小陈更加疑惑，但是他也暗自下定决心，不论遇到什么样的阻力，一定将其说服。小陈回到公司，开始从其他员工那里打听那个店主的情况。最终终于明白了那个店主对他不满的原因：这是前一任推销员留下来的问题，由于他当时推销的失误，导致店主很多货物都卖不出去，占用了大批资金，因此，店主非常反感公司的产品。

了解到事情的原委之后，小陈多方面下手。一边帮着疏通各种渠道，重新安排工作，一边又请求一位大客户以成本价买回了那个店主的存货。当店主的存货被卖掉之后，小陈得到了热情的欢迎。

小陈就是运用自己坚持不懈地努力，换来了优秀的业绩。在职场中，大多数员工都处在同一起跑线上，然而成功的人却是寥寥无几，这关键就在于是否能够坚持不懈。对于一个员工来说，只要具备了坚持不懈的态度，就会在它的指引下，一路走向成功。

俗话说“滴水穿石”，正所谓“胜利是重新站起来的次数比被打倒的次数多一次。”可见，人人都是最为平常的人，但只要坚持不懈，一心一意地做某件事，就一定能够看到成功之日。

4　信念有多大，舞台就有多大

漫漫职场之路，如同崎岖的山道，唯有不畏艰难险阻，奋力拼搏，方能到达光辉的顶点。在攀登山峰的途中，必然要遇到各种各样的困难，在这时，我们就需要一种力量，这种力量贯穿我们的整个生命，只要拥有这种力量，无论是高山、江河，都挡不住我们前进的步伐，这种力量就是——信念。

对于成功人士来说，信念是一种不可或缺的力量。只要你相信奇迹，工作就会还给你奇迹；如果没有信念，对未来迷茫，就一定会被困在泥沼中。在工作中，每一个人都会遇到各种各样的困难，每一个人都会感到暂时性的迷茫，如果没有信念，就失去了前进的动力，就永远无法达到胜利的彼岸。

哥伦布在寻找新大陆的时候，发现茫茫大海上什么也没有。走了很多天之后，他的船员都开始动摇了。他们商量将哥伦布绑起来用麻袋装上，然后一同返航。就在他们准备下手的时候，发现哥伦布站在船舱前，炯炯有神而又异常坚定的目光，船员们退缩了。

这些人无意中发现了哥伦布的航海日记，发现哥伦布每天都会写上一句话："今天，我们向西航行，因为这就是我们的航线。黑暗的大海并不可怕，惊涛骇浪的大海也不可怕，因为我们心中有一条光明的航线，我已经看到了新大陆。"

虽然哥伦布不知道新大陆在什么地方，但是他深信"地球是圆的"，只要坚持向西航行就一定能够到达。

哥伦布就是凭着自己心中的信念，在茫茫大海中一直向西航行，纵然是惊涛骇浪，也没让他退却，因为他心中自有信念。在信念的引导下，哥伦布终于穿过浩瀚的大海，越过惊涛骇浪，取得了成功！

在职场生活中更是如此，拥有信念才会克服种种困难，最终取得成功。而那些没有信念的员工不仅得不到同事的帮助，更是得不到领导的青睐。通常情况下，没有信念的人，对未来就没有希望，在工作的时候就不会充满激情、积极主动。长久下去，没有信念的员工不仅没有业绩可言，甚至会丢掉自己的工作。

林肯曾说过："相信看不见的东西，不仅是一种祝福，更是一种胜利。"可见，信念是迈向成功的第一步。只要心中充满成功的信念，就会和成功更接近了一步。

小刚是一家公司的业务员，在公司中，小刚的学历最低。刚进公司之后，小刚在工作上明显的和其他人有很大的差距。两个月下来，小刚的业绩一直处于全公司最低的状态。

然而，小刚却不是一个甘于平庸的人，他深信，只要通过自己的努力，就一定能够实现自己的梦想，他坚信有一天他能拥有一家属于自己的公司。为此，每天上班之前，小刚都会对自己说上一句："加油！我的梦想就在那边，只要再努力一点，就能够实现了！"

有了信念的动力，小刚每天都积极的工作。当然困难是在所难免的。一次，小刚去会见一个客户，费了九牛二虎之力，不但没有谈成工作，还受了一肚子的委屈。小刚并没有气馁，他不厌其烦的跟那位客户介绍自己的产品……经过一周多的努力，小刚终于打动了那位大客户。

在工作期间，小刚深知自己学历低，利用课余时间还不停的给自己充电，自修了很多关于经济、管理方面的课程。经过一年多的努力，小刚已经成为本部门最出类拔萃的员工。一年半之后，小刚顺利的成为行政部主任。不到三年，小刚又晋升为行政处的处长。

信念有多大，舞台就有多大。小刚正是在信念的牵引下，从一个平凡的员工一步步晋升为公司的管理阶层。在职场生活中，没有信念就没有成功。一个没有信念的员工，永远不会成为一个优秀的员工，更不会实现自己心中的理想。

纪伯伦曾说过："所谓信念，就是行为根据的一种思想，它往往在无形中支配着人类的行为。"当一个人拥有了成功的信念，就可以在信念的推动下，平步青云，攀登上成功的高峰。

某知名公司在培训新员工的时候，交给新员工一道难题：将一把斧头推销给一名富翁。对此，很多新员工都觉得不可思议，一个富翁怎么可能需要一把斧头呢？

很多人怀着半信半疑的态度，踏上了推销的道路。但是，很多人都失败而归。这时，一位年轻的小伙子，亲自给富翁发了一个邮件，信中说道："先生您好，昨天我有幸参观了你的农场，发现里面长着许多大树，但是我发现其中有些树已经死了。我想你一定需要一把斧头，现在我这里正好有一把非常适合砍伐树木的斧头，如果你有兴趣的话，就请拨打我的电话。"

没过多久，小伙子的电话就响了起来，里面传来了富翁的好消息。

无疑，这位年轻的小伙子立刻成为这家公司新员工中的佼佼者。同样面对一件繁杂的工作，很多人以为不可能，丧失了成功的信念，最终导致了失败；而这位年轻的小伙子，他拥有成功的信念，在信念力量的指引下，最终攀登上了成功的高峰！

在职场中，我们所有的行动都受制于信念的力量，它不仅时时刻刻影响着我们的思考，甚至主宰着我们的成功。信念是一种力量，是一种神奇的魔力，在工作中，只要坚信自己能够成功，就一定会赢得成功；只要坚信自己有多大的舞台，就一定能够创造奇迹！

5 抱怨，让人堕落的魔鬼

在职场工作中，我们经常会觉得这件事不公平，那件事不顺心，当这种想法越来越多的时候，我们就开始抱怨，比如，在我们身边，我们经常会听到这样的抱怨“工作太累了，而且工资还那么低”、“我那么拼命的工作，但是仍然得不到上司的赏识，工作越来越没信心了”、“这个客户太难对付了，工作都没法进展下去了”……

表面上看起来，每个人好像都有道理，可是这样的抱怨有意义吗？在职场生活中，我们经常会遇到各种各样的困难，在面对困难的环境时，我们为什么不能把它作为一种磨砺呢？发牢骚、抱怨有何意义？只能让我们在困境中更加迷茫，让自己在迷茫中堕落。与其这样下去，不如逆势而上，做工作上的强者！

每一个员工都会在工作中遇到问题，如果抱怨不停，只能招来更多的抱怨，迷失解决问题的方向。再者，一个员工经常处于抱怨的态度下，肯定不能积极主动的工作，必然会影响自己的业绩，从而产生恶性循环，最终影响自己的前途。

小程是一位小有名气的工程师，他对待工作态度严谨，技术也非常精炼，然而小程却是一个非常爱抱怨的人。

半年前，小程进了一家单位，由于公司在发展初期，管理制度还不完善，因此在工作的时候，偶尔会发生一些意外的事情。小程难以忍受这种混乱的意外，在不明了的情况下，向员工抱怨公司的管理制度差。

最初的时候，小程只是跟一个部门的同事抱怨，渐渐地，他见到同事就抱怨，说公司如何如何不好。身边的朋友劝他，小程却不以为然。终于有一天，小程在办公室抱怨公司的管理不行，说工作秩序混乱，自己忍不下去了。然而意外的是，经理就站在门口，将他的一切抱怨都听到了。

事后，小程被请到了经理办公室，经理说："既然你对公司如此不满意，从明天开始你就不用来上班了，顺便去财务那里结算你的工资吧！"

小程就是因为自己的抱怨，被经理"请"出了公司。在职场中，抱怨是被裁员或者被辞退的最主要原因。一个员工如果经常处在抱怨的状态，就会失去工作的动力。一般来说，抱怨的员工在工作时，经常是消极、被迫地敷衍了事。这样的员工不仅做不出业绩，还会影响整个团队的士气。在员工抱怨、厌倦公司的同时，公司也会厌倦你。在职场中，所有的管理者都不喜欢抱怨的员工。一旦发现有人可以替代你，抱怨的员工马上就会被企业开除。

抱怨是职业道路上的障碍，喜欢抱怨的员工，即便是才华横溢之人，也永远到达不了成功的彼岸。可以说，在职场生活中，最没有价值的行动就是抱怨。在工作中，如果习惯性的抱怨，只会自毁前程。

陈丽和张薇是大学同学，两个人毕业于重点大学，在校期间也是学校中的佼佼者，不但成绩优秀，就连能力也是有目共睹的。

两个人毕业之后，一同来到一家保险公司上班。进入公司的第一天，两个人都从最基础的保险业务员开始。对于两个人来说，保险业务是一个非常陌生的工作，他们必须一边学习，一边工作。在最初的两个月中，两个人处处碰壁，工作打不开局面。

对此，陈丽非常郁闷，面对工作一筹莫展，开始了抱怨。今天抱怨工作难，明天抱怨工作没前途，要不就是抱怨工资低……无休止的抱怨，让陈丽在工作中也开始变得消极，整天懒懒散散，没有一点激情。试用期一过，陈丽就辞掉了这份工作。

面对同样的困境，张薇没有抱怨，她一边学习保险知识，一边分析自己工作不顺利的原因，每一次和客户谈完之后，张薇都会认真的总结其中的经验和教训。这几个月来，张薇工作勤勤恳恳，不但认真的做好每一件工作，而且对分外的工作也非常主动。一年之后，张薇通过自己的努力，成为全公司的金牌业务员。两年之后，因为突出的业绩、较强的能力和较高的素质，张薇得到了领导的赏识，被任命为分公司的市场总监。

之后，有一次，张薇代表总公司去招聘会招人，意外的遇见了陈丽。但不同的是，陈丽是参加招聘会找工作的。在交谈之中，张薇才发现，陈丽因为总是不满意眼前的工作，在工作中不断的抱怨，于是她不停的辞职、找工作。

在工作中，我们经常会遇到这样的事情，面对一份不如意的工作，有的人选择踏踏实实的工作，有的人选择抱怨。同样，不一样的选择，也造就了不一样的人生。在职场中，抱怨是一种最普遍的情绪，同样也是寻找借口的人最善于利用的。当工作陷入困境的时候，智者不会选择抱怨，只会踏踏实实的工作，等到积蓄了足够的力量，便会一下子爆发出惊人的能量；愚蠢的人则会选择抱怨，在抱怨的同时，也丢掉了自己的大好前程。

有位研究生，在他刚毕业的时候，很多单位都想聘用他。于是，他选择了一家不错的单位，但是刚上班的第一天，他就对公司不满。原因是领导没有接待他，让他感到冷落。

于是在工作的时候，这位研究生处处抱怨，结果连自己的工作都不能顺利的完成。看到这种情况之后，领导对他的能力开始怀疑，对他的态度也大不如从前。同时，这位研究生觉得自己学历高，不屑于和身边的同事合作，在工作中往往是独来独往，最终因为工作迟迟完不成，被公司辞退。

原本是一位受企业欢迎的研究生，仅仅因为自己的抱怨情绪，影响了工作，从而导致被迫辞退。在工作中，我们经常会遇到这样的人，他们喜欢把不满、不行挂在嘴边，他们过分的强调别人的“不是”。比如，他们抱怨老板不重视自己，抱怨环境太差，抱怨客户不配合，抱怨同事不团结……而他们在抱怨的时候，从来没有想过自己有什么错误。

作为一名员工，无论你有多高的能力、多聪明的脑袋，只要陷入抱怨的陷阱中，就永远达不到成功的高峰。无休止的抱怨，只会让自己在职场中迷失，只会葬送掉自己的前程！

6　工作着并快乐着

国外一家知名公司的董事主席曾说过："为了获得成功，你必须知到你正在做的事，喜欢你正在做的事，并且相信你正在做的事。"毋庸置疑，在工作中，拥有愉快的心情是非常重要的。在职场中，很多人都会感到工作很辛苦，认为工作压力极大。的确是这样，任何一份工作都不是轻轻松松的，无论是从事什么职业，都必须付出巨大的努力，甚至是做出一部分牺牲。

面对身边繁杂的工作，如果不能及时的进行自我调节，就会产生一定的压力。当压力达到一定程度的时候，就会产生反作用，出现消极怠工、逃避工作等现状，这样一来，就很难做出任何成绩；相反，在工作的时候，如果能够保持愉快的心情，把工作当成一件愉快的事情，甚至作为一种享受。这样的人自然能积极的参加工作，从而取得更大的成功。

有三个工人在建造房子：

第一个工人刚刚开始工作就开始抱怨："这房子又不是给我住的，我费那么大力气做什么？"他觉得这项工作简直就是在受罪，他越想越生气，最后决定随便盖完就得了。于是，第一个工人将房子草草了事。但是他盖好的房子看上去摇摇欲坠，丝毫没有安全感。

第二个工人接到任务之后，刚开始还能耐着性子，认真的工作。但是，很快他就发现了这份工作非常枯燥，他想："既然已经收了工钱，就替人家盖好吧。"于是，他耐着性子将房子盖完了。当把房子交给房主的时候，他终于长叹："终于把活干完了。"

第三个人接到工作之后，非常高兴。他一边盖房子一边快乐的想："盖房子是一件多么美妙的事情啊，房子盖好之后，一家人就可以快快乐乐的搬进来生活了……"第三个工人将自己最大的热情投入到工作中，在工作的时候，时刻保持着快乐的心情。当房子完成之后，他审视着房子，赞叹道："真是一件伟大的艺术品啊！"

一年之后，再也没有人来找第一个人盖房子了，他失去了养家糊口的来源；第二个人仍然按部就班的做着自己的工作；第三个人已经成了小有名气的建筑师。

三种人，三种对待工作的态度，造就了三种不一样的人生。在工作中，面对同一份工作，有的人认为其枯燥、乏味，没有耐性将他做完，或者是对工作敷衍了事，最终不但没有业绩，还有可能被老板炒鱿鱼；也有一部分人，虽然能够将工作完成，但是完全是迫于工作的需要，他们在工作中，不会将自己的想法付诸实践，工作一成不变，毫无一点创新可言，这样的人永远只能做一个平平凡凡的员工；而极少一部分人，他们把工作当做一次愉快的旅行，把工作当做一种享受，他们将自己最大的热情投入到工作中，不但能够积极主动的工作，还能开动脑筋，提出不少新的想法，这样的员工，自然会一步步走向成功。

不可否认，每一个人在工作中都会遇到不如意的事情。如果对此耿耿于怀，在工作中总是充满抑郁的情绪，就很难把所有的精力都放在工作上。对于他们来说，整个心灵都装满了痛苦，在这种状态下，自然不会取得较好的成绩。

小胡是一家大型企业的人力资源部经理，虽然他年纪轻轻，却有一份独特的工作之道。他认为，作为一个成功的职业人士，最重要的是能够转变对待工作的视角。他认为："愉快的心情是战胜繁杂工作、取得胜利的必要武器。只要将快乐的心情带到工作中，就一定能够把工作做得更好。"

对于这种说法，小胡也是有亲身体会的。四年前，小胡刚刚毕业就进入了这家公司，最初的时候，小胡只是一名普通的小职员。刚开始，面对繁杂的工作，小胡觉得是一种巨大的压力，对此，他每天都非常紧张，工作也进行的不顺利，半年过去了，小胡依然没有什么业绩。

领导看到小胡的这种状况之后，就亲自找他谈话，了解完小胡工作进展不顺利的原因之后，经理送给他一个成功的秘诀——“工作着并快乐着”。小胡顿时恍然大悟，此后，小胡一改往日的态度，快乐的投身到工作中。自从有了这份好情绪之后，以往的工作压力也变得越来越小了，最重要的是，小胡的业绩也有了明显的提高。

一年之后，小胡已经成为所在部门中最优秀的员工，不久就得到领导的赏识，将其提升为部门主管。后来，小胡在自己的努力下，一步步的晋升为公司的经理。

在工作中，如果我们每一个人都为自己拥有一份工作而高兴，把愉快的心情带到工作中，就一定能够达到职业生涯的最高峰。

王亮是一家公司的销售主管，对于他来说，工作任务异常繁重，每天加班还不算，甚至都没有周末。在他的意识中，休息和自己无关，无论是节假日，还是休息日，他都是在工作中度过的。

然而王亮却一直不觉得自己累，他也从没抱怨过什么。他对身边的同事说道：“我要快乐的工作，每天工作结束之后，我都会对自己说‘我又学到了很多东西，明天继续努力，才会有更大的收获’。”

由此可见，对于一个职场人士来说，保持愉快的心情是件多么重要的事情。只要坚持“工作着并快乐着”，时刻用一种愉快的心情去对待工作，就一定能够促使自己积极的投身工作，从而做出出彩的成绩，成为最优秀的员工！

7 没有最好，只有更好

出类拔萃的人是不会把已有的成就视为一个固定的终点的，他们不断地超越自己，刷新自己所创的记录，将今天最好的成绩凌驾于昨天的成绩之上。鲁迅有句名言："不满是向上的车轮。"这里的"不满"，即是不满足、不满意，无论是哪一种不满，都会促使我们不断地向前努力，不断地拼搏追求。

众所周知，在这个世界上，永远没有最好。正所谓："登东山而小鲁，登泰山而小天下。"如果我们只是满足当前的状况，放弃了继续拼搏的劲头，就永远无法达到最高峰。在工作中亦是如此，我们知道，"优秀"和"普通"之间仅仅差一点点，在工作中，如果每一个员工，都能保持"不满"的心态，不断的追求更进一步，不断地刷新自己所创的记录，向着更高的山峰攀登，就一定能成就事业上的辉煌。

职场就是如此，只有不满足当前的成绩，不断地提高自己的标准，时刻要求自己更进一步，往往能取得成功。在职场中，也只有这样的员工才最受领导的青睐。

小艾是一位刚从美国留学回来的年轻人，她在美国接受了专业的秘书教育。回国之后，凭着自己的能力和优秀的成绩，小艾击败众多的对手，顺利的成为一家合资企业的经理助理。

工作之后，小艾凭着自己优秀的专业知识，很快得到领导的赏识。再加上小艾的交际能力，在同事之间也是一片锦绣河山。在这样的环境中，小艾越来越自信，觉得没有自己胜任不了的工作。

因此，工作之余，小艾把大部分的精力都放在了旅游、聚会、游戏等上面，从来没想过工作上的事情，更没有想过给自己充电、提高自己之类的事情。因为在小艾的心里，自己已经是最优秀的人了。

这种情况一直持续了两年,直到一次同学聚会却改变了小艾的看法。

有一次,小艾去参加同学聚会,在聚会中小艾发现,经过几年的努力,她的很多同学都已经是事业辉煌的人了,有的职位比小艾的高,有的人居然还有了自己的公司……而小艾还在原地踏步。

回到家之后,小艾开始思索自己的工作情况了,为什么大家会有这么大的差距呢?回想起自己工作的这两年,小艾不得不承认,刚开始的时候,她确实非常努力,但是当工作日益成熟的时候,小艾开始变得自满了,常常觉得自己已经是最优秀的人了,觉得自己已经是船到码头车到岸了,于是她便安于现状、不求进取。

找到问题的症结所在之后,小艾开始下定决心改变自己。此后,小艾一改往日的作风,不仅努力的工作,掌握自己职业领域的所有问题,还力求比别人做得更好。通过一段时间的努力,小艾已经成为公司中不可或缺的人物了,成为同事佩服的对象、领导的左膀右臂。

在这段时间中,小艾常把"没有最好,只有更好"挂在嘴边,领导听说后十分惊讶,不久就把小艾引荐给董事长。没过多久,小艾就顺利的成为公司的一名副总。

在这个世界上,所有的一切都在变化。职场更是如此,工作在变,同事之间的能力也在不停的变化,如果不能及时的在工作中提升自己,最终会在竞争中走向失败。作为一名优秀的员工,我们每一个人必须时刻记得发展自己,让自己在做的工作不但现在是最好的,将来也要做到最好。只有不断的提升自己,才能使自己不断的接近完美。

在这个与时俱进的社会,企业更需要能与其一同成长的员工,领导更青睐能够不断超越自我的员工。无法跟上时代进步的步伐,无法不断超越自己的员工，迟早会在激烈的竞争中淘汰。因此，要想做一名好员工，要想在公司中处于不败之地，就必须紧跟时代的步伐，凡事追求尽善尽美，不断地刷新自己已有的成就。

张凌在一家公司做广告策划，刚开始的时候，她自认为专业能力不错，对待自己的工作非常随意。

有一次，领导交代她为一家知名企业做广告策划方案。张凌心想："既然是知名企业，又是老板亲自交代的，那只有好好做了。"为此，张凌做了一周的准备，终于做出了一套自认为还可以的广告方案。

然而，当她将方案交给老板的时候，老板看都没看一眼，就问："这是你最好的方案吗？"张凌愣了愣，就拿着方案回去修改。又修改了两天，张凌将方案放在老板面前，谁知，老板还是那样，问道："这是最好的方案吗？"张凌不知道该如何回答，只好再次对方案进行修改。反复修改了两次之后，张凌终于自信的将方案放在了老总的面前。看到方案，老板满意的笑了。

事后，领导问张凌："知道我为什么看都没看就让你修改方案吗？"张凌摇了摇头，领导继续道："自从你来到公司之后，我对你进行了一段时间的观察，你的专业能力确实非常好，但是你有自己的致命弱点，你非常满足于现状，尤其是在工作中，如果你能像上次这样，多进行几次修改，你的方案肯定是一流的。记住了，在这个世界上，没有最好，只有更好，只有不断的超越自己已有的成绩，才能创造更加辉煌的明天！"

的确如这位领导所说，在我们的工作中，永远没有最好，我们必须不断的努力、拼搏、追求，不断的超越已有的成绩，才能够登上事业的巅峰。

很多时候，优秀的"良品"和"次品"之间只有一点点的差距，如果我们满足于当前现状，最终也会成为"次品"，被社会淘汰；相反，只要我们时刻将"没有最好，只有更好"放入心中，不断地创造新的辉煌，就一定能够成为职场中的"良品"，一定能够成为最受领导青睐的员工！

8　注重工作细节，力求尽善尽美

职场成功需要有大手笔、大动作，同时也不能忽视细节的作用。在职场中，只有看得见细节的人，才称得上认真的工作，才能使自己走上成功的道路。毛主席就曾说过："世界上就怕'认真'二字。"作为一名员工，只有将细节做到位，才可以说做好了自己的本职工作，才能称得上是优秀的员工。

在职场中，影响员工成功的因素有很多，除了精神能量、决断能力、工作能力、学习能力之外，细节也是其中最重要的一个方面。一般来说，所有的优秀员工都是非常注意细节问题的，这不仅仅是一个人的能力问题，更多的体现了员工的工作态度和工作作风。因此，只有注重细节问题，力求尽善尽美，这才是一个优秀员工的要求所在。

张平和苏军大学毕业之后，同时进入一家合资企业，这家公司不但待遇好，而且还有很大的发展空间，他们都非常珍惜这份工作。然而，在他们进来的时候，经理已经明确的告诉他们两个，现在他们只是试用期，一旦试用期满，公司会择优录取一个，剩下的一个只能被淘汰。

为了争取能够留在这家公司，两个人都非常认真，在工作上相互竞争。可以说，从工作能力上来讲，两个人平分秋色。然而，三个月之后，苏军却遗憾地离开了公司。对此，苏军感到非常委屈，论工作，两个人不相上下，于是他找到经理，说出自己的疑惑后，经理为难的说："的确，从工作能力看，你们两个人都非常不错，单单从这一点来说，我很难在你们当中选择一个。但是后来我发现，每次下班之后，你从来没有把公司的电源全部切掉，也没注意到办公室亮着的灯。然而，张平却做到了，他每天离开办公室的时候，都会把灯、窗户关掉，然后再把电源切掉。

所以，我们最终决定留下了张平。”

留与不留，仅仅是熄灯、关电源这样的一个细节，可见，在职场中，只有养成注意细节的好习惯，才能成为企业最受欢迎的人。

有这样一位老师，他虽然没有过高的学历，但是他却是本校最优秀的教师，连续被评为县级、省级优秀教师。

在他参加工作的这几十年中，他每天都是第一个到学校，最后一个离开学校的老师，在工作期间，他不放过任何一件小事。数年来，无论是晨会，还是教室的卫生，甚至孩子们的每一次作业他都是认认真真的对待。

正是因为他的这种态度，这位老师不但受到孩子们的欢迎，还受到领导和学生家长的一致好评，许多家长纷纷表示：把孩子交给这位老师，我很放心！

做好每一件小事，不放过身边的任何一个细节问题，才能够创造出卓越。在工作中，有很多不起眼的细节，很多员工往往对他视而不见，殊不知其中蕴藏着无穷的力量，只有懂得抓住细节的人，才能得到成功的垂青。

细节之于工作，如同小零件之于机器。一台运转正常的机器，必然需要其中的各个小零件。否则，一旦失去小零件，整台机器就会处于瘫痪状态。工作中亦是如此，忽视任何一个细节，就可能面临严重的后果，正所谓：“魔鬼藏于细节”，只要稍不留心，就会让魔鬼有机可乘。

王莎莎毕业于某知名外国语大学，毕业之后，她顺利的进入深圳一家IT公司。由于有着极高的学历背景和极强的个人能力，王莎莎进入公司不久后，就得到领导的赏识。因此，在平时外出工作，和其他公司谈判的时候，老板总喜欢带着她。

一次，公司和一家跨国IT公司商谈一个项目。洽谈完之后，对方要求王莎莎所在的公司提供一份详细的项目计划书。老板把这个任务交给王莎莎之后，一再的叮嘱：“一定要认真做，千万不能出现错误，这个计划书是决定两家公司合作的关键。”

这么重要的任务交给了王莎莎，她自然不敢怠慢，为了完成任务，她加班加点，花了很多工夫，一周之后，终于将一份“完美”的英文计划书放在了老板的面前。

就在王莎莎还在为自己的满意作品得意的时候，领导把她叫进了办公室。王莎莎见老板一脸的阴沉，这才想到计划书可能出现了问题，然而她仍然想不明白，那份计划书她都检查好几遍了，不会出现错误的啊。

只见老板打开计划书，指着目录那一页问道：“为什么没把索引对齐，而且字体也不一样，有的是粗体，有的却不是。”接着，老板意味深长的对她说道：“这份计划书幸好还没有给合作公司看，否则这两处错误将会给公司带来严重的危害。在我们的工作中，我们不仅仅要看工作的内容，更要注重其中的细节。这不仅仅是一个人的职业素养，更是一个企业的代表，如果他们发现这么明显的错误，他们还会选择和我们合作吗？”

在现实生活中，像王莎莎这样的员工非常多，往往一心想把事情做好，反而忽略了最细节的问题。这样的员工，永远得不到最终的成功。正像人们常说的那样，一滴水就可以折射出太阳的光辉，同样，一个细节就能够看出一个人的职业素养，只有将身边的细节做好，将工作力求完美，才能攀登上事业的高峰！

9　薪水不是唯一的目的

洛克菲勒曾说：“我们努力工作的最高报酬，不在于我们所获得的，而在于我们会因此成为什么。”短短的一句话，就道出了工作的真正目的——薪水不是工作的目的，只是工作的一部分。

然而，在现实生活中，很多人错误的认为，薪水就是工作的唯一目的。不可否认，我们付出了工作，理所当然的要得到薪水。可以说，薪水是工作中最直接的回报。然而，当我们进入一个公司、一个企业的时候，我们不应该把薪水作为唯一的衡量目标。我们更应该考虑的是“除了财富，我们还能学到什么？这个职业对以后的发展有什么影响？”

在职场中，如果我们把工作单纯地看做是一场交易，认为自己付出了汗水，老板就必须为自己的劳动买单。这样一来，每个员工就会把大部分精力放在个人得失上，这样会对自己造成极大的影响。比如说：在竞争中，一旦获胜，就会欣喜若狂；一旦失败，就会沮丧灰心。甚至，职务升迁、薪酬的增减都有可能引起他们情绪的大起大落。长此以往下去，这样的人势必会遭到同事的“白眼”，不仅得不到同事的帮助，还有可能失掉职场中的许多乐趣。

表面上来看，为薪水而工作的人目的明确，但常常由于被利益蒙蔽了心智，这些人常常无法看清未来发展的道路，以至于敷衍工作，最终也只是将自己的前途葬送；相反，那些不为薪水而工作的人，却能在工作中发现比薪水更宝贵的“金子”。

王瑞毕业之后，来到一家广告公司就职。由于王瑞过高的专业能力，以及较高的人品素质，很快得到领导的认可。再加上王瑞平时的积极、热心，也深受同事的好评。

进入公司半年之久，公司的运转一直都非常好。最近，公司又刚刚承接了一个非常大的项目——在城市的各条街道做广告。对此，全体员工都十分开心，这个单子意味着巨大的经济效益。不用说，员工也会从中得到奖金，于是所有的员工都全身心的投入到广告设计当中。

然而，天有不测风云。两个月之后，由于公司资金缺乏，公司完全陷入滞胀状态。这时，不要说给员工发工资，就连日常的费用也得依靠银行贷款。此后，公司的景象日益黯淡，接着，连银行也不再给公司贷款了。

公司一下子陷入僵局。为此，总裁将全体员工召集在一起，向大家陈述了实际情况，一下子人心涣散，人员所剩无几。当员工看到无法拿到工资时，他们将总裁办公室围了个水泄不通，见总裁实在无法支付工资，他们就将办公室的东西分了。面对着大家的行为，王瑞并未放弃，他相信总有一天，公司的情况会出现好转。

不到一周的时间，公司里剩下的人已经屈指可数了。这时，很多朋友也劝王瑞赶紧另做打算，孰料王瑞却说："公司在前景好的时候，给了我很多，而现在公司有困难，我得留下来和公司共渡难关。我相信，即便是沙漠中也会有人存在的。只要总裁还没有宣布公司倒闭，我就不会离开公司。"

终于到了最后，公司只剩下王瑞和总裁两个人了，当总裁问他为什么留下来的时候，王瑞笑道："既然上了公司的这条船，就应该和它同舟共济。"

街道广告属于城市规划的重点项目，王瑞所在的公司无法做完之后，无奈之下，将其转让给其他的公司。就在两个公司签合同的时候，王瑞的总裁提出了一个要求："让王瑞去你们公司任项目开发部经理。"

了解到其中的缘由之后，新公司热烈的欢迎王瑞，同意让他出任项目开发部经理，并且把前公司欠他的工资也给他补上了。新公司的领导赞扬道："在当前这个社会上，很多员工都把薪水作为自己唯一的目的，像你这样不计较工资，而和公司风雨同舟的人越来越少了，我也希望有一天，你能和我共患难。"

王瑞进入新公司之后，深受领导的重视，加上自己的努力，几年之后，王瑞已经成为公司的副总裁。

试想，如果当初王瑞也像其他员工那样，将薪水作为自己工作的唯一目的，一旦公司出现什么情况，马上就拍屁股走人，他就永远没有今天的成功。相反，而那些早早离去的人，尽管可以找到一份谋生的工作，但永远都没有更大的发展空间。

尤其是刚刚进入职场的新人，更应该将眼光放得长远一点，不能把工作的目的仅限于在工资上。只有这样，才能领悟工作的真正含义，才能超越众人，领先迈出成功的第一步。

小钱研究生毕业之后，因为现在人才的饱和、专业的不对口，小钱奔波了大半年都没有找到合适的工作。无奈之下，只得到一家汽车发动机制造厂做检验员。这项工作在公司是薪水最低的一个部门。尽管如此，小钱仍然十分珍惜。

尽管小钱拿着全公司最低的工资，但是小钱依然勤勤恳恳的工作。在半个月的工作中，小钱发现公司的生产成本很高，并且产品质量偏低。于是，他就主动的建议老板推行改革，以占领市场。

小钱的这一行为受到其他的人嘲笑，有人好心的提醒他："你看你的薪水，还那么卖力做什么？""我这样是为我的工作，不是为了我的薪水，我觉得没有错。"小钱的回答让大家都觉得他很"傻"。

领导觉得小钱的提议非常好，于是就将有关负责人召集起来，积极的商讨改革的方案。几个月后，改革方案出现成效，公司的利润一个月增加了十几万。而小钱也受到经理的重视，破格被提拔为主管。

在现实工作中，很多员工因为薪水没有达到自己的要求，就放弃了努力。相反，而那些认识到工作的真正含义、不把薪水做为唯一目标的人，时刻都能认真、负责的工作，自然会得到成功之神的眷顾！

10 敷衍工作就是敷衍自己

工作是每个人一生中最重要的活动，而正确的工作态度则是决定一个人能否经得起考验的重要砝码。在职场中,要想成为一个优秀的员工,就必须认真、负责的完成自己的工作,切不可有半点懈怠的想法。众所周知,“天上不会掉馅饼”,职场中容不得半点不负责任,只要稍加粗心,必然会害了自己。

在公司中,所有的老板都喜欢那些认真负责的好员工,而对那些敷衍了事的员工,自然不加重视。因为,在工作中抱有敷衍了事态度的员工,必定是不愿积极面对工作现状的人,这样的员工,肯定会在工作中犯下错误,而这些错误则会给公司带来致命的打击。

小陈是一家服装厂的业务员。他来到公司已经两年有余,当初和他一起进来的几位同事,都已经被领导提升为管理阶层的领导,只有小陈,依旧做着自己以前的工作。

对此,小陈非常苦恼,认为领导不重视自己。因此,在工作中,小陈一直是敷衍了事。一次,公司让小陈为单位订购一批羊皮,临走之前,经理特意嘱咐小陈:“一定要仔细,要注意合同的条款是‘每张大于4平方尺。有疤痕的不要。’”

小陈心不在焉的听完之后,就去工作了。结果由于小陈的粗心,将合同写成了:“每张大于4平方尺、有疤痕的不要。”结果让供应商钻了空子,发来的货都是小于4平方尺的羊皮。为此,公司直接损失上万元。

领导一气之下,将小陈开除了。

在工作中,像小陈这样的员工非常多,他们经常对工作心不在焉,经常会出现“粗心、懒散、草率”等不负责的工作表现,这样的员工,不但会给公司带来损失,最终还会影响自己的发展前途。

在职场中,容不得半点敷衍。作为一名员工,就应该将自己的工作保质保量的按时完成,不要在工作的时候抱有侥幸的心理,不要认为自己敷衍工作无人可知。事实上,你的一举一动都在领导的掌控之中。即便是偶尔的两次没有被领导发现,但也总有真相大白的时刻。

有一位非常有名的老木匠，他的一生建造出许许多多惊人的房屋。由于年龄的原因，老木匠决定向老板提出辞职，他要回去和自己的妻子、儿女团聚，享受天伦之乐。

当老木匠将这一些告诉老板的时候，老板非常舍不得，但仍然决定尊重老木匠的想法。但是他提出一个要求：在临走之前，再建造最后一座房子。

在建造最后一座房子的时候，老木匠明显的没有以前那么用心了。以前工作的时候，老木匠都是一门心思放在房子上，现在，他一边盖房子，一边想着回家。无论是选料、还是盖房子的流程，都明显的是敷衍了事。

一个月后，老木匠就完成了任务，当他向老板交差的时候，老板反而把房子的钥匙给了他，“这是我送给你的礼物”，老板说道。

此刻，老木匠十分震惊，他万万没有想到这是老板送给自己的房子。如果他早知道是这样的话，他一定不会如此的敷衍工作，一定会尽心的建造出一座完美的房子。而现在，他只有住在这幢粗制滥造的房子里了。

职场中很多人又何尝不是如此呢？表面上，他们在漫不经心地敷衍自己的工作，实际上确是在敷衍自己的生活。在工作中，如果不能积极、负责的工作，凡事都是消极的应付，最终只能让自己困在“粗制滥造的房子中”。

在工作中，敷衍工作就是敷衍自己，它比不忠诚、不积极更具有杀伤力，只要稍不留心，对待工作粗心大意，就会受到应有的惩罚；而那些对工作负责的员工，最终会得到领导的重视，从而成就自己的辉煌事业。

佛里德利·威尔森也曾说过：“一个人，不论是在挖土，或者是在经营大公司，他都会认为自己的工作是一项神圣的使命。不论工作条件有多么困难，或需要多么艰难的训练，始终要用积极负责的态度去进行。只要抱着这种态度,任何人都会成功,也一定能达到目的,实现目标。”

刘云亮在一家公司就职,但是他对自己的工作非常不满意,私底下经常对朋友说:“我这么高的学历,在公司居然只是一个最普通的员工,而且我的工资也是最低的。这老板也太不把我当回事了,再这样下去,我就辞职了!”

“那你对你们公司的业务掌握的怎么样?对你们公司的经营状况又了解多少呢?”朋友问他。“我才懒得研究那些东西呢!”刘云亮漫不经心地答道。

“那么我建议你,还是先安下心来,认认真真的对待自己的工作,等到你把公司的一切都搞明白了,再考虑这个问题。不要忘记你以前的教训,反复的跳槽,两年过去了,你还是一无所获,可是你看看那些曾经和你一样的员工,他们凭着自己的努力都实现了自己的梦想。”好心的朋友再次善意的提醒。

于是,刘云亮听从了朋友的建议,一改往日懒散的作风,开始积极、负责的投入到工作中。两个月之后,他就引起了经理的注意。经理认为这个年轻的小伙子对待工作非常负责,是一个可造之材,于是将其提拔为主管。

半年之后,刘云亮和那位朋友再次相聚的时候,他对朋友说:“现在,老板对我和以前大不一样了,不但对我委以重任,还给我升职、加薪了。”

“我就知道会出现这样的结果的。”朋友回答道:“当初老板不重视你,是因为你不重视工作。平时对工作不认真,经常是敷衍了事,自然得不到领导的喜欢;而现在你工作态度积极、对待工作负责,自然得到老板的重用。”

由此可见,在每一个公司中,最受老板赏识的都是那些对工作负责的员工。而那些敷衍工作的人,不仅仅是对公司不负责任,更是对自己不负责任,最终只会敷衍自己的人生!

11 换一种观念，把职业当事业

在所有老板的心中，最优秀的员工应该将自己的工作作为毕生的事业来做，他们应该像传道士一般，对自己的工作满怀热情，甚至是狂热。在工作中，只有将职业作为一门事业来做，把工作的荣誉和使命感作为自己工作的动力，才能更好的投入到工作中，才能取得最大的成就！

在我们身边，我们的工作需要长达多年的坚持和努力，在这漫长的时间里，我们都将从事着枯燥、繁杂、高强度的工作，其中的艰辛和压力自然是难以理解。这时，如果我们以打工者的心态消极的应付，往往会半途而废，不但会影响公司的发展，更严重的还会影响个人的前途；相反，在这种环境下，如果每一个人将自己作为公司的主人，把工作当成一种事业来奋斗，势必会越干越有劲，因而，发展的道路也会越来越宽广。

有这样一个故事：在一个小镇上有三个石匠，他们正在埋头干活。一个路人经过，问他们在做什么。第一个石匠回答道："我每天都在做着枯燥的工作，搬这些石头砌墙。"第二个石匠说："我的工作很重要，我要把墙砌好，这样房子才会结实。"当问到第三个人的时候，他自豪的回答道："我在做一件非常有意义的事情，并且我的责任非常重大，这是镇上的第一所教堂，我要努力将它建好，让它成为百年的标志！"

在现实的职场中，同样会遇到这样的事情。同样是面对繁杂、枯燥的工作，由于持有的态度不同，往往会有不一样的结果。面对枯燥的工作，末流的员工会像第一个石匠那样，充满抱怨，对工作敷衍了事，这样一来，不但会耽误工作，还会影响自己的前途；一般的员工会像第二个石匠那样，只是认真的做好自己的工作，对待工作没有激情，这样的员工终其一生只能在其岗位上平平庸庸，永远没有更大的进步；而优秀的员工则像第三个石匠一般，在工作的时候，心中就装了一个百年大教堂，他们把自己的工作当成一件伟大的事情来做，把眼前复杂的工作作为自己的事业来奋斗，这样的员工不但不会感到枯燥，反而会充满激情，把自己的全部热情投身到工作中。因此，这样的员工才能在工作中最得领导的喜欢，才最容易走向成功！

无论你从事何种工作，如果你单纯的认为自己只是老板雇来的劳动力，把工作当做一件差事来应付，你就很难对工作倾注热情，就很难走向成功；相反，只要把工作作为自己的一项事业，则会出现不一样的结果。

李波出生在一个贫困的小山村中，由于家境贫寒，很早就辍学了，一直在家帮助家里人做些零活。15 岁的时候，李波到县城一家餐厅打工，这在当时是很多贫苦孩子不得已而为之的苦差事。然而李波并没有灰心，也没有自暴自弃，他勤勤恳恳的工作，深受老板和其他同事的喜欢。

时间一晃就过去了三年，李波转眼间已经在这家餐厅待了三年，这三年中，李波一直把餐厅作为自己的事业来经营，对工作付出了极大的热情，慢慢的成长了起来。一天，老板对他说："你来我们这里打工已经三年了，我对你的工作感到非常满意，然而由于种种原因，我们马上就要搬回老家了。不知道你愿不愿意换一份别的工作？""我愿意。"李波高兴地回答，"那好，我有一个亲戚，他在一个建筑公司上班，他们那里可能会招一些工人，我可以介绍你过去……"

不久之后，李波就在以前老板的介绍下来到了建筑公司，这对于他来说，是一份完全没有接触过的全新领域。一进入工地，李波就告诉自己，一定要做最优秀的员工。他同样将这份工作视为自己的事业，无论是多么艰苦的条件，多么繁杂的工作，他都没有抱怨，反而以极大的热情投入到工作中。

工作的时候，李波处处认真仔细，一边做，一边用心的积累工作经验;工作之余,他还自学有关建筑、管理方面的知识。李波非常珍惜时间,晚上当大家都在聊天的时候,李波一个人还在静静地看书。

一天,经理来工地上检查,吃完午饭之后,很多同事都开始休息,为下午的工作做准备。唯独李波一个人还在角落里静静地看书,经理发现之后,好奇地走过去,发现他正在看有关管理方面的书,"你工作那么辛苦,为什么还不像其他的同事那样赶快休息,为什么还要读一些无关紧要的书?"李波却回答道:"我想我们公司并不缺少能干的人,但是那些既有工作经验、又有专业知识的技术人员或者管理人员却十分紧缺,我现在就是想往这方面努力。再说了,既然我选择了这份工作,这就是我一生的事业,我当然要把它做得更好!"经理听到这里十分高兴。

没多久,李波就被任命为技师。通过李波的努力,他连连受到经理的重任,25岁的时候,被任命为这家建筑公司的副总经理。

李波的成功不是偶然的,主要是依靠他的事业心。他从工作的第一天起,就将每份工作视为自己的事业。在工作中的每一天,他都以最大的热情积极的对待其中的每一事情。如果他只是把工作作为自己养家糊口的工具,而不把工作作为自己的事业,他就不会关心公司的发展,更不会不断的提高、完善自己,更不会投入极大的热情去工作。这样一来,他就永远没有成功可言。

作为一名职业人士,工作不仅仅是一个养家糊口的工作,而是实现自我价值的方式,而企业则是实现成功的平台,只有将工作视为自己的事业,才能够把工作做到最好。这样一来,才能实现自己的人生价值,才能够成就自己的事业!

第三章　明星员工，从良好的习惯开始

培根曾说："人的思考取决于动机，语言取决于学问和知识，而他们的行动，则多半取决于习惯。"习惯是一种强大的力量，可以决定一个人的成败，影响一个人的命运。尤其是在职场中，只有培养出好的工作习惯，才能冲破职场中的层层阻碍，才能在职场中茁壮的成长，最终成为最优秀的员工！

1 把节俭当成一种习惯

惠普(中国)有限公司总裁孙振耀曾说:“传统上的错误总是难免的,就像浪费是必然的一样理所当然。但是在这个竞争日趋激烈的时代,要想赢得企业的持续长久的发展,我们必须敢于向浪费发起彻底的挑战。”可见,在当前的社会发展中,节约不仅仅是一种美德,更是一种财富的来源。在竞争中,公司唯有节约,才能赢得利润。同样,对于职场中的员工来说,唯有将节俭作为自己的一种习惯,才能为公司创造利润,才能在职场中站得住脚,才能成为最优秀的员工!

在很小的时候,我们就知道:“谁知盘中餐,粒粒皆辛苦。”“一粥一饭,当思来之不易;一丝一缕,恒念物力维艰。”毛主席也曾教育人们要学会节俭:“浪费等于犯罪”。这些话引领一代又一代的人艰苦创业。而在如今企业中,很多员工却认为:“公司的钱和我没关系,能浪费就浪费……”在我们身边不乏这样的员工:即便是艳阳高照,办公室中依然开着灯;纸上只写了几个字,就被扔掉;下班回家,办公室的灯、电脑忘记了关;拿着办公室的电话煲电话粥……

只要我们稍加注意,就会发现在我们的身边,不节俭的员工大有人在,这样的员工或许一时上也没有什么损害,甚至还为沾了公司的小便宜而沾沾自喜。殊不知这种行为,已经扼杀了自己发展的前途。

刘文是一家公司的职员,平时工作积极认真,工作能力也非常强,但进入公司两年来,一直不得领导的喜欢,升职加薪更是无从谈起。

对此,刘文非常郁闷,认为自己在公司的表现一直非常好,却得不到提升,这肯定是老板在有意糊弄他。于是,刘文忍无可忍,就跑到经理办公室讨说法。

当他走到办公室门口的时候，里面突然传来了经理和主管的谈话。里面隐隐约约还提到了他，于是，刘文停住了脚步……

听完之后，刘文不但消了气，而且还感到万分的惭愧。原来是刘文尽管工作很努力，工作能力也强，但是他有一个非常不好的习惯——浪费。平时只要刘文在办公室，无论是什么样的天气，他都会开着灯、空调等，下班回家还经常忘记关电脑。有一次，他晚上加完班，就直接回家了，临走的时候，有两间办公室的灯还在亮着，而刘文却给忽略掉了；平时他去复印东西的时候，经常会心不在焉的多复印几份，或者是弄错了，一旦出现这样的情况，所有的纸张就全被他扔掉了……

回想到自己的行为，刘文再也不好意思找经理要求升职了。从此之后，他在工作中，时刻将“节俭”放在自己的心中，开始珍惜公司中的每一分钱。

半年之后，刘文得到了经理的认可，很快被提升为部门的主管。

在现实中，很多员工都错误的认为，公司的利润和节俭是两个完全不同的概念。觉得自己每天浪费一点，并不会对公司产生影响。殊不知，浪费也具有极大的破坏力，虽然你每天只浪费了一张纸、一度电，看起来毫不起眼，但是如果公司的每一个员工都这么做，半年下来，这就是一笔相当可观的数字。这样一来，不仅会影响到公司的发展，更会影响到个人的利益。就像故事中的刘文一样，由于不注意节俭，将事业道路堵了起来。

在工作中，每一个老板都喜欢节俭的员工。无论你从事何种职业，只要用心，就能找到节约点。只要把节俭作为自己的一种习惯坚持下去，就一定能为公司创造更多的利润，就一定能够得到领导的青睐，从而实现自己的事业理想。

王新在一家童鞋厂工作，他所在的部门主要就是负责刷胶。王新平时就是一个“非常会过日子”的人，因为他的节俭习惯，把生活过得津津有味。

在工作的时候，王新还是一如既往的节俭，平时上班、下班的时候，他都会留意机器关了没、灯关了没……甚至看到浪费的同事，都忍不住批评几句。大家看到王新一本正经的样子，都觉得很好笑。为此，有同事还取笑王新"这又不是你家，你干嘛那么抠门啊？"

在工作的时候，王新发现，他们所用的刷胶水的刷子非常宽，这样一来，刷子上每次都会残留很多胶水，而实际用到的却只有一半。王新心想："如果能把刷子的宽度改一下，这样一来，公司就能省一半的胶水。一年下来就可以省出不少钱呢。"

想到这里之后，王新就找到他们所在部门的一个管理者。孰料，管理者只是淡淡地说了句："市场上的刷子都是统一规格的。再说了，这么多年了，公司一直都这样，哪在乎这点儿胶水钱呢，你还是做好自己的本职工作吧。"

无奈之下，王新找到主管，向其反映了浪费的情况。主管向经理报告后，经理高兴地说："几年来，我总是发现公司刷胶部超出预算，可总也找不到原因，没想到今天终于找到了。"于是，在经理的建议下，刷子的宽度得到了调整。

经理在知道是王新发现浪费的原因之后，对王新的节俭意识非常赞赏，同时也开始重用他，让他来负责刷胶部。而对那位管理者，经理则处以严厉的批评。

面对和自己切身利益无关的事情，王新正是因为自己的节俭习惯，不单单为公司创造了利润，同时也得到领导的重用。相反，那位自以为"只是浪费一点点"的管理者，却为此付出了惨重的代价。

因此，在工作中，不论从事何种行业，不论我们身处何种职位，我们都应该将公司作为自己的家，珍惜公司中的每一分钱。在工作中，把节俭当成一种习惯，时刻做到不浪费，为公司节约每一分钱！

2 好习惯从自觉主动开始

在当前职场生活中，有两种人永远无法取得成功，一种人是只做老板交代的事情，另一种人则是连老板交代的事情也做不好。这样的员工，注定要被老板“炒鱿鱼”。相反，只有那些在工作中积极主动的人，才能够得到成功之神的眷顾。

对此，比尔·盖茨就曾说：“一个好的员工，应该是一个积极主动去做事，积极主动去提高自身的人……”李开复也说道：“不要只是被动的等待别人告诉你应该做什么，而是应该主动的去了解自己要做什么……”的确是这样，无论你从事何种职业，只有自觉地、主动的参加工作，才能够将事情做得漂漂亮亮，才能够赢得老板的信任和重用，才能实现自己的成就！

在当前竞争日益激烈的社会中，任何一个公司、单位都面临着极大的生存挑战。如果平时工作不能够做到自觉主动，就会在竞争中被淘汰。因此，要想做一个优秀的员工，唯有养成自觉主动工作的好习惯。除此之外，别无选择。

王芳在一家大型百货公司工作，平时的时候，她主要负责记录顾客的购物款。参加工作两年来，王芳一直在很努力的工作，然而，两年之中，王芳并未得到任何升职或者加薪的好处。对此，王芳十分生气，她一直觉得自己是一个十分优秀的员工。

有一天，王芳向经理提出了升职的要求，没想到经理一口拒绝了，理由是王芳做的还不够好。为此，王芳心中非常不愉快。

第二天，王芳还像往常一样，做完了工作就开始站在一边和同事聊天。这时，经理走了过来，走到王芳面前，示意她跟着。王芳纳闷的跟着经理，只见经理一路走到卖货区，开始整理那些已经“东倒西歪”的商品，接着经理又清理完了柜台和购物车中的东西。

王芳惊讶的跟在经理后面,看着经理将所有的工作都完成之后,才恍然大悟。原来经理在给王芳上课,他用自身行动告诉了王芳:做事要自觉主动。

在现实工作中,有很多“王芳式”的员工,他们一味地在等待,等待领导布置新的任务。往往是等到老板吩咐好工作,告诉其怎么做之后,他们才开始行动。想想便可知道,这样的员工自然不会给老板留下好的印象。一旦遇到裁员等问题,这样的员工必然会是老板首先要考虑的人。

在当前职场生活中,以前的那种“等待老板吩咐”、“听命行事”的工作习惯已经一去不复返了,取而代之的则是自觉、主动工作。只有养成自觉、主动工作的好习惯,才能提升自己工作的激情,才愿意接受更多的挑战,才会赢得领导的青睐和成功之神的眷顾!

小丽毕业之后到一家大型企业做文员,她的工作内容非常简单,平时主要就是负责完成领导交给他的一些公文。刚进公司的时候,小丽还非常有热情,除了完成老板吩咐的工作之外,还能自觉主动地做一些其他的事情。

可是过了两个月之后,小丽的行为发生了很大的转变。她不再像以前那样自觉主动的工作了,心想反正老板又没让我做其他的事情,我只负责他交给我的事情就可以了。此后的一段时间,小丽每天的工作都非常轻松,有时候甚至一天都无所事事。

半年之后,公司要进行一次总结大会,经理让小丽去准备一些材料。小丽听到后就傻了眼,半年多来,小丽除了完成领导交给的任务,就是在办公室里上网聊天。她甚至不知道领导需要的是什么资料。

无奈之下,小丽只好请同事帮忙。当工作完成之后,小丽才惭愧的认识到自己的错误。

在职场中，也许会有很多事情没人安排你去做，但这并不等于不用去做。如果你只是在被动地等待老板任命，而不是自觉主动的工作，最终也会像小丽一样：面对复杂的工作，不知道该如何下手。故事中的小丽非常幸运，在同事的帮助下完成了任务，但是如果没有人帮忙怎么办？岂不是向老板交白卷？

在企业中，所有的老板都希望自己的员工能够自觉主动的工作，他们不愿意将员工变成机器，让其被动的听从指挥。对于他们来说，他们需要的不单单是一个具有专业知识、只知埋头苦干的人，他们更需要的是一种自觉主动、充满激情的员工。可以说，在所有的企业中，凡是深得老板青睐、取得成功的优秀员工，无一不是自觉主动工作的人。

阿玲从偏远的山区来到深圳打工，由于没有什么文化和特殊的技能，她只有在一家餐厅做服务员。在很多人的眼中，服务员是一种最不需要技术的职业，同样也是最没有前途的职业。

因此，在工作的时候，阿玲的很多同事都是应付，等到老板吩咐了再去做。平时老板没有吩咐的时候，她们就是聚在一起聊聊天。然而阿玲却不这么认为，她觉得既然自己做了服务员，就一定要做到最优秀，所以，她没有像其他人一样被动的工作，她每天不但自觉主动的完成自己的工作，还自觉地帮助领班做一些事情。

阿玲不但对分内分外工作尽心，还对客人有了一定的研究。她千方百计的了解到客人的口味，只要有客人来，她就千方百计的使客人满意。时间久了，很多客人一来餐厅就点名要阿玲的服务，并且阿玲每次都能使他们多点一两道菜。

如此一来，阿玲不仅赢得了顾客的满意，同时也为餐厅赢得了利润，增加了收入。而阿玲的一切努力，都被老板看在眼中。不久之后，阿玲就得到老板的重用，被提升为领班。

同样是平凡的服务员，自觉主动工作的员工会将自己的全部热情投入其中，最终赢得胜利；而那些被动工作的人，则永远得不到成功的眷顾！

3 培养良好的工作习惯

失败和成功之间往往只有一丁点儿的差距，而造成这种差距的大多是因为习惯。由于习惯不同，结果也会不同。众所周知，一个好的习惯不仅能够促使一个人的成功，还能改变一个人的命运；相反，坏的习惯则是走向失败的大门。可以说，习惯是决定人一生命运的东西，没有好习惯，就没有成功。

培根曾经说过："人的思考取决于动机，语言取决于学问和知识，而他们的行动，则多半取决于习惯。"的确如此，习惯是影响人生成败的最重要的因素。习惯是一种强大的力量，往往在不知不觉中影响着一个人的行为，决定着一个人的命运。

有这么一个故事：一位没有继承人的富翁在临死之时将自己的财产给了一个远房亲戚，而他这位远房亲戚以前是个乞丐。此后，乞丐摇身一变，成了当地有名的富翁。当一位记者采访他的时候，问他："你继承这笔遗产后，第一件想做的事情是什么？"

"买一个好一点的碗和一根结实的木棍，这样一来，我以后出去讨饭会更方便一些。"乞丐回答道。

看完这个故事，或许很多人都会觉得好笑。然而在大笑之后，我们是否也想过乞丐为什么会有这样的回答？其实很简单，这就是习惯在作怪。因为在乞丐的岁月中，他一直是靠乞讨为生的，这已经成为一种习惯，而也正是因为这种习惯，他才会想买一个好一点的碗和一根结实的木棍儿。可见，习惯是一种贯穿在我们生活中的一种力量，它时刻左右着我们的行为，决定着我们的成败。

同样，对于职场中的人士来说，习惯尤为重要，在职场中，好的工作习惯可以促使你不断的进步、提升自己的工作效率，最终引导你走向成功的大门；而坏的工作习惯，则无时无刻都在扯你的后腿。

小李刚刚大学毕业，在学校的时候，小李就非常不注意自己的形象，生活非常邋遢。毕业之后，小李接到一家大型企业的面试通知。

来到公司，小李发现来应聘的人非常多，凭借他过人的能力，他过五关斩六将，一路杀到最后。第三天，小李按照公司的要求去复试，这次接待他的是公司的高层领导。在他去面试之前，一些好心的朋友善意的提醒小李，要他注意自己的形象。孰料，小李非常自信的说："现在大型企业都注重的是能力。"

小李的话固然有道理，但是小李在复试的时候，却发生了意外的结果：小李被淘汰了。原来小李在复试的时候，穿了一件非常皱的T恤，这给人特别随便，和公司的形象一点儿也不相符。经理认为，像小李这样不注意自己形象的人，不仅会影响公司的形象，还会影响公司以后的发展。

不拘小节的小李，最终因为坏习惯吃了闭门羹。在现实生活中，有很多小李这样的人，他们不拘小节，身上存在一些陋习，这种坏习惯往往会在不知不觉中毁掉你的前程。比如说，有人生来就是大嗓门，无论是在生活中，还是在学校里，说话几乎不用麦克风。但是如果在工作中依然保持这种习惯，在安静的办公室喧哗，势必会得到同事的厌倦、领导的反感。这样一来，大好的前程就将毁于一旦。

人们常说："习惯决定命运。"的确不假，一个好的习惯，尤其是一个良好的工作习惯不仅能够提升你在领导心中的地位，还能在很大程度上帮你走上成功的道路。一般来说，在职场中，你不仅需要过人的才能，过高的理想和抱负，还要有良好的习惯，只有这样才能打开成功的大门。

王珊和张华同在一家单位共事，两个人均是大学毕业，无论是工作能力，还是其他方面的能力，两个人都是非常优秀的。但残酷的是，两个人都在实习期，一旦结束之后，两个人只能留一个。

于是，两个人都暗自较劲。无论是工作上，还是其他的方面，他们都相互比较。一天，经理让他们去会议室开会，刚进大门的时候，王珊发现地上有一份文件，她便顺手捡了起来，放到了办公桌上，然后掏出笔和纸，听经理的谈话。虽然张华和王珊是一同进来的，但是张华匆匆忙忙的就进了会议室，根本就没注意到这份文件。

之后几天，两个人还是一如既往的竞争、努力工作。一天下午，经理交个张华一个重要的任务，让其代表公司去拟定一个合同，因为马上就要用，所以只给了她一天的时间。对于领导的重任，张华既兴奋又认真，她似乎已经感觉到自己马上就要成为公司的正式员工了。

通过一天的努力，张华终于把合同拟定好了，她自认为非常好，大致看了一遍，就将其交给了经理。没过多久，经理就把合同给了王珊，让她去复印几份，马上等着用呢。

王珊在复印的时候，认真的看了一遍合同，突然发现其中的一处错误：合同中出现了一个标点错误。而这个错误足以给公司带来数十万的损失。

看到错误之后，王珊赶紧找到了经理。经理看到之后，长叹一口气："幸好你发现了这处错误，否则公司将有很大的损失。"

两个月之后，实习期结束了，而张华只能遗憾地离开了公司。

可以说，王珊的成功完全来自于她的好习惯。很多时候，表面上看起来微不足道的习惯，却能成就一个人的事业。张华正是缺少了一种好习惯的支撑，才会输给王珊。

因此，不论你的能力如何，每一个人都要在工作中养成自己的好习惯。只有好的习惯，才能助你走向成功，而坏的习惯，则是毁掉你锦绣前程的罪魁祸首。

4　精益求精让你不断进步

有位著名的作家曾说过："无论做什么事情，都应该尽心尽力，一丝不苟。这是因为究竟什么才是事关真正的大局，究竟什么才是最重要的，这一点启示我们不是很清楚。也许在我们眼里微不足道的小事，实际上却可能生死攸关。"

这位作家简单的说明了一个问题，那就是精益求精。精益求精是一种品质、一种能力、一种素养。一般来说，成功的人生源于精益求精的态度，一个人只有具有了"精"的理念，才会拥有"精"的追求，才能付出"精"的行动，才会创造出精品，才会赢得精彩的人生。

无论是在工作中还是在生活中，精益求精的态度是走向成功的必备素质。尤其是在工作中，不论你从事何种职业，精益求精都是追求成功的卓越表现，也是实现事业辉煌的成功品牌。如果一个员工拥有精益求精的态度，在工作中做事精确的良好习惯远远超过他的聪明和专长，那么他必定是出类拔萃的优秀员工！

对于员工来说，精益求精的工作态度是你敬业的具体表现，只要在工作中具有精益求精、追求完美的精神，就会促使你不断的成长起来，一直走到成功的彼岸；相反，如果在工作中自我满足，对待工作马马虎虎，就只能会使自己停滞不前，严重的甚至会被公司淘汰。

小米硕士毕业后，凭着自己卓越的才能进入了一家知名公司。刚到公司的时候，小米常常有一种优越感，觉得自己硕士毕业，能力高人一等。因此，在一开始的时候，小米对工作十分随意。

尽管如此，由于小米确实有着出色的才能，再加上平时很会说话，一开始的时候，小米深受领导和同事的喜欢。每次领导出去谈生意的时候，总是会带着小米。这样一来，小米更是觉得自己在公司的地位无人可比，对待工作就更加心不在焉。

一次，领导交给她一个非常重要的策划方案。小米大概看了一下，就开始着手进行了。一周之后，小米满意的将自己的策划方案交给了领导，临离开办公室之前，还不忘在经理面前说自己为了这个策划案可是付出了百分之二百的努力。

小米本来以为经理会大大表扬一番，甚至加薪。孰料，经理还没看一页就大发雷霆了，小米非常迷惑，心想："我已经做得非常好了啊，我记得也没什么大问题。""你做完之后，有没有再检查一下?"经理问道。"检查了啊，没什么问题啊，里面的内容我都检查过一遍呢，真的没发现什么问题。"小米心慌的回答。

"就单纯的看了看策划的内容吗？你再看看你的目录?"经理把手中的策划案给了小米，小米一看，顿时明白了经理发怒的原因：原来目录中的格式不怎么正确，甚至有的地方是粗体，有的地方不是……这个让人看起来非常没有规律。

找到原因之后，小米惭愧的低下了头，并向经理保证道："经理，我明白自己工作中存在的错误了，以后永远不会再出现类似的事情。"

从那次事件之后，小米对工作一改往日的态度，做事非常仔细、认真，哪怕是其中最小的一个细节，小米都不会轻易的放过。一个方案小米经常是经过多次修改之后，才将其交给经理。此后，小米再也没有犯过类似的错误。

通过一年多的努力，小米由于在工作中持有精益求精的态度，再加上个人出色的能力，很快得到领导的赏识，不久便被提拔为总裁助理。

职场生活就是如此，只有把任何事情都做到精益求精，不然就一定会被社会所淘汰。一般来说，职场中的成功往往和精确的行动有关，那些粗糙的行为只能提高错误率；而只有凡事讲究精益求精的工作态度，才会引导你走向成功。

追求精益求精的工作态度，就必须避免敷衍了事的工作态度。在现实工作中，很多员工往往不肯把事情做的尽善尽美，只用“差不多”、“足够了”、“应该可以了”来搪塞各种事情。这样做一天和尚撞一天钟的员工，不但对工作敷衍了事，最终还会因为如此而敷衍自己的人生。

> “差不多先生”存在于我们身边的每一个角落。很早的时候，胡适在《申报》中就发表过一篇关于“差不多先生”的文章……
>
> “差不多先生”经常说：“凡事只要差不多就好了，何必太精明呢？”他小时候出去帮母亲买红糖，结果他却买回来白糖，为此母亲大发雷霆，他却说：“红糖和白糖不是差不多吗？”
>
> 在学堂的时候，先生问他：“直隶西边是哪一个省？”“差不多先生”回答：“陕西。”先生说：“错了，是山西。”“差不多先生”却说“陕西和山西不是差不多吗？”
>
> 长大之后，“差不多先生”到一家店铺做伙计，他虽然能写会算，但是在工作中一直都是非常粗心，从来就不懂得精益求精。在记账的时候，他经常把“千”写成“十”，或者把“十”写成“千”，害得老板经常赔钱。为此，老爸常常骂他，孰料他说：“千比十只多了一撇，差不多嘛，何必太认真。”无奈之下，老板只好将“差不多先生”辞退了。

可以说，像这样的“差不多先生”在我们的工作中经常会遇到。例如：管理人员考核不认真、检验员没发现物品瑕疵、工作中不认真……这样的员工在工作中常常抱有一种敷衍的心态，这样的人不但得不到领导的重视，最终还会为此被领导解雇；相反，而那些对待工作精益求精的人，并把精益求精作为一种习惯时，往往能从中学到更多的知识，积累更多的经验，从而促使自己不断的进步，并得到领导的赏识，实现自己的事业理想。

5 不安于现状，积极进取

在动物界有这样一件有意思的事情：在美洲美丽的大草原上，生活着羚羊和狮子。羚羊每天一醒来，就在思考如何跑得更快一些，才能不被狮子吃掉；而狮子每天一醒来，也在思考如何才能跑得更快一些，这样才能不被饿死。

不仅仅是动物界，就连人也都是这样，不论你是狮子还是羚羊，每当太阳升起的时候，都要奋力的向前奔跑。众所周知，无论是生活还是工作中，昨天不等于今天，过去不等于未来。只有不安于现状、不断进取的人才能取得最终的胜利。

奥利森·马登在《高贵的个性》中曾提到："进取心是完成崇高使命和伟大成就的动力，它是一种极大激发人们抗争命运的力量。"尤其是对于一个职场人士来说，只有具备了进取心，才能在它的指引下，不断地向前奔跑，一直攀登上事业的最高峰。

同样，对于用人单位来说，具备高度进取心的员工才是领导的最爱。联想公司的总裁柳传志在谈到好员工时说道：**"一位好员工首先应该在道德方面有很高的要求，要有强烈的进取心，并能逐渐的把进取心转化为事业心；有进取心的员工是为了自身的发展，而有事业心的员工则是为了民族和集体的发展……"**

然而，在当前的职场生活中，很多员工就如同"温水中的青蛙"，他们安于现状、不思进取，满足于当前的工作状况，他们不想学习、不想超越以往、甚至不想向未来挑战。

刘刚曾经是一家大型企业的首席信息员。在这之前，他由于工作努力，并在自己的岗位上做出了突出的成绩，第一年便被提拔为策划部经理，第二年被提拔为首席信息员。

当上首席信息员之后，拿着丰厚的待遇，住着公司提供的豪华住宅，驾驶着公司配的车，刘刚的生活一下子跃入富人的行列。

然而，此时刘刚对待工作的态度却发生了很多大的变化，他再也不像以前那样，将全部的精力都放在工作上了，反而把大部分的时间和精力都放在了享乐上。当别人问起刘刚还有什么追求的时候，刘刚说："我能成为首席信息员，应该满足了。公司的CEO是董事长的侄子，我不可能成为CEO，因此，首席信息员已经是顶峰了。"

于是，工作中的刘刚渐渐失去了往日的工作热情。这种状态一直持续了将近一年，刘刚依然没有一点工作业绩。这时身边的一些好朋友开始善意的提醒刘刚，他不但不知错，反而说："我是这家公司的功臣，老板离不开我，他是不会把我怎么样的。"他甚至在心里对自己说："这房子、车子、薪水永远都是属于自己的。"

的确，刘刚是公司的功臣，然而面对刘刚的不思进取，领导最终动了换人的念头。

原本是公司的功臣，但是由于刘刚的不思进取，最终还是没有逃过失业的命运。在职场中，没有永远的铁饭碗，如果安于现状，对自己以往取得的成就沾沾自喜，是永远不会达到真正的成功的。我们常说："人无远虑，必有近忧。"一个员工如果没有长远的考虑，就如刘刚一般，只顾享受眼前的幸福，丧失了前进的动力，这样的人最终还是会走向失败的。

有人曾说："如果一个人对自己的现状非常满意，他就会停止不前。人当前不应该对自己的命运感到失望和不满，但也永远不应该满足。"的确是这样，成就只能代表以前，无法证明未来，尤其是在竞争如此激烈的社会，职场中的每一个人都不能停下前进的脚步，否则就会被淘汰。

无论你从事何种职业，只要稍加留心，就会发现：成功的、优秀的员工都有一颗勇往直前不满足于现状的进取心。这些员工并没有因为以往的点滴成就而沾沾自喜，他们会把以往的成就归零，继续努力奋斗，从而成就更大的辉煌。因此，不论我们身处何种岗位，都必须领悟进取的含义，只有这样才能打开成功的大门。

凯斯是意大利著名的科学家。在他小的时候，由于家境贫寒，凯斯并没有读多少书，而是直接进了工厂当了一名车工。

当时，凯斯只有15岁，做车工对于他来说，是一件十分困难的事情。刚开始的时候，凯斯一窍不通，但是他却非常勤奋，从来不放过任何学习的机会。在凯斯的努力下，没过多久，他就已经成为了一名技术娴熟的车工。

但是凯斯并没有满于足当前的现状，在做车工的时候，他渐渐的开始对生产机器产生了兴趣，并且他还发现机器中有许多不足的地方。于是，凯斯开始努力的研究那些生产机器，他希望有一天自己可以改变机器中的不足之处。

经过数十年如一日的研究，凯斯不单单成为了一名非常有名的工程师，同时还拥有了多项发明，成为一名著名的科学家。

在职场中，仅仅满足于自己分内的事情，永远不会优秀。只有像凯斯那样，即便是工作岗位很低，但是只要拥有更高的追求和远大的理想，也不会被当前的成就所束缚。只有这样充满进取心的员工，才能在工作中处于优势，才能赢得老板的青睐，赢得事业。正如凯斯在评价自己时说："我的天生条件很差，只是比较缺乏，我取得的成绩完全是靠自己的积极进取……"

在职场中打拼，每一个员工都面临着残酷的竞争，要想在竞争中处于不败之地，唯有不断地超越以前、自我栽培、主动进取，也只有这样不安于现状的人，才能成为职场中的常青树！

6 让微笑成为一种习惯

微笑是人类最美丽的面部表情。烦恼的人有了微笑，会让自己的心情变得平静；痛苦的人有了微笑，会让自己忘记悲伤；失败的人有了微笑，会让自己重新振作，为生命注入新的色彩和活力。

不仅如此，微笑还是职业人士的最佳工作状态。对于现代人来说，微笑已经成为工作中不可或缺的一部分。只有拥有微笑的员工，才能闪耀着迷人的魅力，才能打开成功的大门。难怪有人说，微笑是职场中的第一张名片，是取得职场成功的金钥匙。

一位著名的管理学家曾经说过：**“一个拥有微笑的小学毕业生比一个面孔冷淡的哲学博士生更有用。因为微笑是对工作人员的基本要求，也是公司最有效的商标，比任何广告都有力，只有它能更深入人心。”**

张娟毕业于某师范大学，现在已经是某知名公司的主管。回想起自己成功的经历，张娟不禁感慨，由衷的感谢自己的微笑。

张娟本身就是个爱笑的姑娘，无论什么时候，脸上总是带着甜甜的微笑。在两年前，张娟刚刚大学毕业，她在网上看到公司正在招聘，于是就抱着试试看的态度按照网上的地址向用人单位发了一封求职信。

第三天的时候，用人公司打过来电话，要张娟去公司面试，面试进行的非常顺利，在整个面试中，张娟状态非常好，一直保持着淡淡微笑。

一周之后，张娟成为公司的正式员工。在一次偶然的机会中，张娟问人事经理：“在那么多的求职者当中，经理为什么会选择我呢？”“是你的微笑感染了我，通过微笑，我看到了你的自信。”经理的回答让张娟有些出乎意料。

张娟万万没有想到自己能够在众多面试者中脱颖而出，完全依靠自己的微笑。这之后，张娟在工作中都会保持一脸的微笑，无论是对上司，还是同事、客户，张娟都会随时向他们投去善意的微笑。

不仅如此，张娟还凭着自己的真才实学，积极完成领导布置的任务，平时加班加点，积极主动的为公司的发展出谋划策。张娟的表现得到公司所有人的认可，不到半年，就被破格任命为主管。

从上述张娟的成功案例中，我们不难发现，在工作中，微笑是自信的象征，它向用人单位传递着积极的信息；微笑还是开启成功的大门的金钥匙。只有时刻保持微笑，你的职场路才能走得更加顺畅。

在职场中，时刻保持微笑，不仅是一种文明的表现，更显示出一种力量和涵养。一个经常微笑的员工曾说：“自从我开始对同事微笑之后，我得到的快乐和成就远远高于以前的时候。而如今，我的微笑不仅为我赢得了职场的人际关系，在民主评议的时候，我全票通过。”

的确是这样，无论是谁，都不喜欢满面冰霜、横眉冷对的人。尤其是在工作中，每一个人都喜欢面带微笑的人。尤其是对于服务行业而言，微笑是至关重要的。一个员工，只有时刻保持微笑，做到微笑服务，才能为公司创造利润，才能实现自己的利益。

有一位老太太在一家日杂店购买了一些商品之后，在回家的路上遇到了这家店面的老板，老太太对他说：“我已经 12 年没来你的店里了，而 12 年之前我每周都要去你店里消费。可是有一天，我在你店里遇到一个冷若冰霜的服务员，他的态度实在是非常差，自此之后，我就再也没去你的店里了。”

老板回家算了一笔账：如果老太太每周来商店消费 25 元的话，那么 12 年他就损失掉了近 14400 元的营业额，而造成这个损失的仅仅是一个微笑。

对于服务性行业来言，微笑可以沟通人与人之间的感情，缩短人与人之间的距离，从而使人们之间心心相通。相反，如果缺少微笑，不仅会影响公司的生意，甚至还会影响到自己以后的发展前途。

小王、小张和小李是三个卖报的年轻人。他们每一个人都有自己独特的经销方式，但是结果却大不相同，只有小李卖得最好。对此，小王和小张都十分纳闷，因为小李所处的位置最差。

小王站在人流聚集的地方，可以说是黄金地段，然而他每天却卖得最少。原来，小王虽然每天站在人流量最大的地方，但是他每天都是愁眉苦脸的，当有人买报纸的时候，他总是一副懒洋洋、不耐烦的神情。另外，小王卖报纸的时间也非常不固定，一旦遇到点风雨，就很难找到他的影子。

小张同样也没有固定的卖报场所，但是小张喜欢在马路上穿梭，看哪里人多就往哪里走。小张在卖报的时候非常忙，忙得都顾不上自己该显示什么表情。尽管如此，小张的销售量依然非常有限。

而小李，他处在地段最不好的地方，并且他总是固定的站在一个地方。每次卖报的时候，小李都会保持优雅的站姿，脸上挂着微笑。每当有客人买报的时候，他总会先问候一句“早上好”，然后将报纸给顾客，当客人离去的时候，小李还不忘说一句“谢谢你，祝你天天快乐！”

看到这里，相信大家都明白了为什么小李的报纸销量遥遥领先于小王和小张了。尽管小李没有处在人流多的黄金地段，但是小李凭着自己的微笑赢得了顾客，从而也成为公司的金牌销售员。

微笑，不仅仅是一种身体语言，更是职场生活中必备的一种表情。学会微笑的人，才会得到同事、顾客的喜欢，才能够取得令人羡慕的业绩，才能赢得领导的重视！

第四章　打造高效执行力，让你为众人瞩目

有一位成功大师曾经说过："凡事马上行动，立刻行动，你的人生才会不一样。"在职场中，我们经常会发现"语言上的巨人，行动上的矮子"，这些人只会夸夸其谈，从来不会将自己的想法变成现实，这也注定了他们永远都只能是平凡的员工！

1 赢在立刻行动

有这样一则寓言故事：

在一个偏远的地方，有两个和尚。这两个和尚中，一个非常贫穷，一个非常富有。

有一天，穷和尚对富和尚说："我想到南海去，你觉得如何？"

"你这么穷，凭着什么去啊？而且路途遥远。我多年来就希望有一天能够租一条船，然后沿着长江而下，可是到现在还没做到呢。"富和尚说道。

穷和尚接着回答道："我用一个水瓶、一个饭钵就足够了。"

富和尚笑了笑，觉得穷和尚是在痴人说梦。

第二年的时候，穷和尚从南海回来了，他又看到了富和尚，并把此事告知了富和尚。

听完穷和尚的叙述，富和尚惭愧的低下了头。

简单而通俗的寓言向我们说明了一个道理：赢在立刻行动。中国有句俗语"说一尺不如行一寸"，这句话说的就是这个道理。有人说过，理想是彼岸，现实就是此岸，而当中却是湍急的河流，行动则是架在上面的桥梁。

在现实中，不论是多么伟大的目标、计划，只有付出行动，才能产生成功的结果。比尔·盖茨曾说过："有了好的想法，就马上去做！只有立即付出行动，才会取得成功。"比尔·盖茨是这么说的，同时也用自己的亲身经历证明了这一论点。

自从比尔·盖茨接触计算机的第一天起，计算机对他就产生了一种无法抗拒的魔力。15岁的时候，比尔·盖茨就开始为信息公司编写异常复杂的工资程序。

他上大学之后，更是一发不可收拾，整天在计算机面前通宵达旦的工作。在《大众电子学》杂志上，比尔·盖茨被封面上的Altair 8080型计算机的图片惊醒，自此比尔·盖茨的电脑梦一发不可收拾，开始了自己的计算机软件生涯。

没过多久，比尔·盖茨就产生了退学的念头，尽管他的父母极力反对，但是比尔·盖茨认定了自己创业的想法，依然坚决的离开了校园，开始了自己的创业之路……

比尔·盖茨的成功正是源于他在有了自己的想法之后立刻付出行动。也只有这样，才能将想法具体的实现；否则，再美好的想法也只是空谈。

在现实工作中，我们经常会听到这样的说法："如果我当时这样做就好了"、"上次我就想这么做了，但谁知还没行动就被人抢了先"……再怎么美好的想法，如果不付出行动，最终也只能使其在大脑中夭折。

在职场中，很多人都喜欢万事俱备了才去付出行动。甚至有的员工喜欢把今天的事情留到明天，每天都在等待，等待行动。这样一来，不但会耽误自己的工作，还会严重影响到公司的经济效益。

有一个推销员，进入公司通过一段时间的培训，终于可以进入实战了。然而这位推销员没有像其他同事那样积极的将自己所学的知识运用到实践当中。

当别人都在实践工作的时候，这位推销员还在想如何才能成为最伟大的推销员。为此，他不惜花费大量的时间，阅读了有关的书籍，甚至还将自己以后的推销之路做了宏伟的规划……

但是这位推销员，一直没有行动，他还在等待。一直等到两个月之后，这位推销员的业绩依然是零。而和他一起进公司的同事，有的人的业绩却已经非常棒了。

为此，领导开始找这位推销人员谈话，面对经理，推销人员口若悬河，讲起了自己的知识、技巧以及未来的规划。经理听后，只是淡淡地说了一句："想法很美好，但是若是没有行动，再美好的想法也只能是幻想。无论如何，没有行动的人，就永远不会有成功。"

的确是这样，在职场中，成功永远属于那些积极付出行动的人。正如拿破仑所说的：**"想得好是聪明，计划得好更聪明，做得好是最聪明又最好。"**行动是践行想法的唯一途径，离开了这条路，再美好的想法也只是水中月、镜中花。

王晨是某知名公司的一个部门经理，他虽然年纪轻轻，但却是公司中学历最高的人，对很多事情都有自己独到的见解，再加上平时喜欢写点东西。因此，在公司中，大家都称之为"最有才气的部门经理"。

进入公司五年，王晨可谓是如鱼得水，无论是下属，还是上司，他都应付的游刃有余。没过多久，分公司的经理被调到总公司了，职位上出现了空缺。这时，王晨听小道消息说，总裁有意在众多部门经理中选一位得力干将。

此后，王晨开始积极的准备，只希望能够得到总裁的重任。在一次董事会议结束之后，王晨跟总裁说："我想为公司写一本关于管理方面的书，这样一来，就可以提升整个公司的管理水平了。"总裁听后，非常欣慰，极力的鼓励王晨，并表示希望能够尽快的看见他的书。

然而，一周过去了，一个月过去了，王晨还迟迟没有动手，两个月之后，他再次遇见总裁，"对了，你那本书进行的怎么样了？"总裁突然问道。孰料，王晨却惭愧地说："我还没有开始写呢。"

听完王晨的解释，相信总裁也会对其失望。在现实工作中，像王晨这样的人非常多，拥有宏伟的目标，但从来只是幻想，不会将其付诸实践，最终不但不会赢得领导的青睐，反而会影响自己的事业发展。一个员工，不论你拥有多么妙的金点子，但是只要不付诸实践，就永远无法得到别人的认可，更不会创造出价值，这样的员工自然也没有任何价值可言。

在当前社会中，生活、工作的节奏越来越快，如果在有了想法之后，还不能立即行动，必然会影响到个人的成就。因此，不论你正在从事何种职业，也不论你的职务高低，一旦设定了目标，就要积极的投身实践，立刻行动！

2 立即行动，告别拖延

在生活中，相信每一个人都有这样的经历：清晨，一阵急促的闹铃将你从睡梦中惊醒，这时，很多人一边想着自己今天要做的事情，一边留恋着温暖的被窝，一遍一遍的对自己说"该起床了"，然而又给自己找了无数个不起床的理由。于是在激烈的思想斗争中，时间一分一分的过去了……

的确是这样，我们每一个人身上都有一种名叫拖延的恶习。一般来说，拖延是一种阻碍人们走向成功的恶习，它会侵蚀人的意志和心灵，消耗人的能量。经常处于这种状态的人们，常常会使自己陷入一种恶性循环之中，从而使自己永远也看不到成功的辉煌。

据一份调查显示，世上有93%的人都因为拖延而一事无成。这主要是由于拖延能够扼杀人们的积极性，无论是谁，一旦陷入拖延的困境中，就会无法脱身，最终只能走向失败。在职场中更是如此，优秀和平凡的员工之间的差距非常小，主要就是因为，优秀的员工接到任务后，会马上付诸行动；而平凡的员工则会找到各种各样的理由来拖延。

乔治是一位货车后厢的刹车员，他非常聪明，然而却有一个致命的弱点——拖延，在平时工作的时候，他总是想方设法的拖延工作。为此，乔治已经受到领导的多次批评。

一天晚上，突然来了暴风雪，所有的火车都晚点了。为此，乔治非常生气，于是便开始抱怨："这鬼天气，又得害我加班！"于是，他就想用什么方法可以逃避加班呢？就在这时，由于暴风雪的缘故，另一辆快速列车不得不拐弯前进，几分钟后就要拐到这条轨道上来。

这时，列车长跑过来，命令乔治拿着红灯到后面去。乔治心想：后车厢不是还有一名工程师和助理刹车员在那里守着吗，于是便笑着对列车长说："不必那么着急，后面有人在守着呢，等我拿上了外套就过去了。"

列车长严肃的说道："不行，人命关天的大事，一分钟也不能耽误，赶紧去！那列车马上就要来了。"说完，列车长急匆匆地跑到机房了。

然而，乔治并没有马上行动，他一直认为后车厢还有一名工程师和助理刹车员在守着呢，自己何必那么着急呢？于是他便穿上外套，慢悠悠的向后车厢走去。

等他走到和后车厢还有十来米的时候，他突然发现工程师和那名助理刹车员根本就没在。原来他们已经被列车长调到别的地方了。当他意识到问题的时候，那两辆列车已经接近了，于是他想快速的跑到后方。可是一切都晚了，两辆列车相撞了。

后来，当人们清理现场的时候，发现乔治在一个谷仓中，不停的忏悔："我错了，我不该拖延，都是拖延惹的祸……"

乔治就是因为拖延，最终也受到了拖延的惩罚。在职场中，拖延是最具破坏性、最危险的恶习，它会使你丧失工作的主动性和积极性，使你离优秀员工的要求越来越远。在职场生活中，喜欢拖延的员工大有人在：他们经常是今天该做的事拖到明天完成，这个月该完成的报表非要拖到下一个月，这个季度的该完成的任务非要等到下一个季度……凡是抱有这种拖延心态的员工，皆如乔治一般，不仅得不到领导的青睐，最终还会影响到自己的事业、未来！

在职场中，没有人喜欢拖延的员工。在领导布置任务的时候，他们更希望听到的是“好，我马上去做！”而不是“对不起，这件事我做不了。”尤其是在当前竞争日益激烈的职场，领导都喜欢自己的员工是独当一面、并且还可以高效执行的人，而不是那些喜欢用各种借口来拖延的员工，这样的人只会为公司增添负担。

拖延是一种能够腐蚀人积极性的恶习，一旦染上它，就会影响人们的创造力、瓦解人们工作的热情等，甚至造成严重的后果。

小马是某网络公司的一名负责人，他非常有能力，但就是因为自己的拖延，使得公司损失数百万，领导非常生气，不得不将其解雇。

事情原来是这样的：一周之前，小马是要和另外一家公司去签合同。当他看完当日的日程安排后，就进了自己的办公室，心想：“反正还有半个多小时呢，先不着急，做点别的事情吧。”10分钟之后，助理敲门进来，告诉他“20分钟后，我们有一个非常重要的合同要签”。小马还是漫不经心的看着网页，一边浏览一边说：“着什么急呢？还有20分钟呢，我一会就去了，你不用来催我了。”

助理走后，小马继续做自己的事情，结果一个小时过去了，小马才突然想起合同的事情。匆匆忙忙赶过去，然而由于迟到了半个多小时，对方公司的人非常生气的说道：“我们不想和一个不守时的公司合作，那样等于是自找麻烦。”

就是因为小马迟到了半个小时，对方认定他毁约，于是公司不得不赔偿对方数百万。领导知道这件事后，非常生气，将小马解雇了。

可见，拖延是一件非常可怕的事情，无论你是成功人士，还是一个普普通通的员工，面对公司的任何事情都必须及时行动，不能拖延，否则就会酿成惨重的恶果。

另外，在职场中，还有一部分员工希望通过拖延来隐瞒公司，这样一来，就会犯下更严重的错误。很多员工宁愿花费更多的精力到寻找拖延的借口中，也不愿意把这份精力投入到工作中，他们错误的认为能够骗得过领导，殊不知最后愚弄的还是自己。

因此，无论你从事何种职业，无论你身处何种职位，也无论你为了何种理由而去拖延工作，都是一件非常不明智的事情。若是想在职场中顺利、成功的走下去，就必须克服拖延，立刻行动！

3 立即行动，没有任何借口

在工作中，我们经常会发现这样的情况：工作中遇到困难，工作无法完成；或者是由于时间太短等原因，任务没办法按时完成……在这个时候，很多员工都会想尽一切办法，找到为自己辩解的借口。而他们积极寻找借口的理由，无非是希望通过合理的借口，掩饰自己的过失，或者把自己该承担的责任转嫁给另外的人。

然而在职场中，很多人俨然已经成为了制造借口的专家，只要遇到一点点状况，这些员工就会积极的寻找借口为自己开脱。长此以往下去，倘若借口就会成为一种习惯，就会任由借口牵着鼻子走。只要养成了这种习惯，员工就会丧失进取心，让自己松懈，甚至是放弃；在工作中更是拖拖拉拉，没有效率可言。

在当前职场中，老板需要的是一个立即执行、勤奋敬业的员工，如果一个员工经常完不成自己的任务，甚至迟到早退，并且每天都花费大量精力为自己寻找借口，相信这样的员工永远都不能称之为合格的员工，同样也不可能成为公司所期待和信赖的员工。这样的员工更没有什么前途可言，必定一事无成，是职场中的失败者。

小余是公司的一位老员工，在公司主要负责跑业务，深得老板的器重，为此，小余一直觉得非常得意。

有一次，老板交给小余一个重要的单子，小余出门之前，老板千叮咛万嘱咐，一定得把这笔业务拿下。小余当场向老板拍拍胸脯道："放心吧，经理！我一会不会让你失望的。"出了公司的大门之后，小余觉得时间还早，于是就去了附近的一家咖啡厅。

小余磨磨蹭蹭的喝了半天，才不急不慢的去另外一家公司谈业务。等他到了的时候，才发现已经有人捷足先登，把原本到手的生意抢走了。无奈之下，小余只好回公司。在回去的路上，小余一直考虑该如何向老板交代。

小余想了很久，终于走进了经理的办公室。他向经理解释道："由于我的脚伤发作，比竞争对手迟到半个钟头，结果被别人捷足先登了。"经理听到后，虽然十分生气，但转念一想，小余也是公司的老员工了。于是非但没责怪他，还让他好好养伤。

小余似乎得到了"借口"的甜头。此后，每当公司要他出去联系有点棘手的业务时，他总是以他的脚不行，不能胜任这项工作作为借口而推诿；而一遇到好的、容易的业务，小余也会跑到经理面前，说自己腿脚不行，希望领导在业务方面对他有所照顾。

虽然小余的确有一只脚上有伤，那是一次出差途中出了车祸引起的，留下了一点后遗症，但是那根本就不影响他的生活和工作。

时间一长，小余把所有的精力和时间都放在了寻找借口上，业务成绩开始直线下滑，最终被公司解雇了。

事例中的小余可谓是现实职场中很多"爱找借口"员工的缩影。他们每天都不惜花费大量的时间和精力为自己开脱，这样的人当然不会创造出傲人的成绩，只能在"借口"中慢慢的扼杀自己的职业前途，最终成为

“借口”的牺牲品。

在职场中，如果每一个员工都懂得：工作中没有任何借口，失败没有任何借口，并用“没有任何借口”来严格的要求自己，就一定能够战胜各种困难，出色的完成领导所布置的各种任务，并一步步的走向优秀、卓越。

郑军刚到一家机械装备公司做业务员，因为还在试用期，因此，郑军还没有机会承担多少业务。

最近，总经理得知，某个小城市需要他们公司的机械设备产品，就特意派人前往，顺便看看有没有市场可开发。刚开始的时候大家都还比较兴奋，觉得是一个机会。然而当总经理告诉大家这个小城市位于西部山区的时候，很多人都打了退堂鼓，没有一个人愿意去。因为这个地方异常贫穷，交通也不发达，不但生活条件艰苦，恐怕也很难找到市场。

于是，大家纷纷找借口推诿，有的人说自己手上的工作还没做完，有的人说家里有事走不开，甚至有的人说自己身体不好……在大家的“借口”中，郑军主动揽下了这项艰巨的任务。

出发之前，郑军已经做好了充分的心理准备。但一到那个小城之后，才发现比他想象的还要糟糕。然而郑军并没有因此而灰心气馁，他将一切精力都放在了工作上，这半个月来，他每天早出晚归，积极地和各家工厂联系。功夫不负有心人，经过半个月的努力，终于有一家工厂和郑军签订了合同。

郑军回到公司之后，很多人都觉得郑军白跑一趟，辛辛苦苦的半个月只发展了一个客户，觉得还不如留在当地发展呢。为此，郑军也觉得很过意不去。然而，领导并没有因此而责怪他，反而对其进行了肯定。经理认为，郑军在困难的工作面前，没有找任何借口，这本身就是一种难能可贵的精神，再加上他敢于挑战高难度的工作，这正说明了郑军有进取心。

郑军很快就得到领导的重视，试用期一过，顺利的转为正式的员工。转正之后，郑军一如既往的积极工作，很快他就能独当一面，成为总公司的一个分公司经理。

如果郑军和大家一样，面对问题不积极行动，而是积极地寻找各种借口，恐怕郑军永远也只能是一个平凡的员工，永远没有今天的成就。因此，只有将“没有任何借口”作为自己工作的准则，才能养成不畏艰难的决心，才能拥有完美的执行力，才能走向成功和优秀！

4　做事始终领先他人一步

俗话说“笨鸟先飞早入林”，“早起的鸟儿有虫吃”，自古以来，我们就知道只有将工作提前展开，才能比别人更早的获得成功。即便我们不是什么“笨鸟”，也要学会“先飞”、“早起”，因为只有比别人先走一步，提前将工作展开，才能够取得成功。

在职场中，只有凡事早做准备，才能比别人更快的进入到做事的状态之中，进而才能更快的付诸行动，才能尽早的获得成功。在竞争激烈的今天，职场日益变幻莫测，唯有提前做好准备，才能在暴风雨来临时不慌乱，才能战胜困难，走向成功！

有人说，职场中的机会对于每一个人来说都是公平的，你能不能成功，关键在于你能否抓住这次机会。而你是否能够抓住机会，唯有提前早作准备，将眼光放得更远一点。然而在现实生活中，很多员工都是在等待领导布置的任务，在这之前，从来不会提前行动。

因此，要养成提前早作准备的习惯，就要养成自觉自发工作的好习惯。拿破仑·希尔就曾说过：“自觉自愿是种极为难得的美德，它驱使一个人在没有人吩咐应该去做什么事之前，就能够主动的去做应该做的事情。”

吴青大学毕业之后，来到一家贸易公司工作，按照公司的规定，吴青有两个月的试用期，如果不合适的话，试用期满就必须离开公司。为此，吴青十分努力的工作，从上班的第一天开始，吴青就时刻提醒自己，一定要成为一名合格的员工，并时刻按照正式员工的标准要求自己。

为了达到这个目标，吴青开始全面认真的了解公司，她首先了解公司的目标、经营方针、组织结构、销售方式等，并积极主动的向同事请教问题。在工作期间，她不但积极认真地完成了自己的工作，一有时间，她还主动帮助同事。在领导给正式员工布置任务的时候，吴青也会主动完成一份，尽管这和她没有一点儿关系，但是她还是要按照正式员工的标准来要求自己。

结束完一天繁忙的工作之后，吴青也不像其他的同事那般，急匆匆的回家，或者出去逛街等。吴青常常在下班之后，加班加点，将第二天所用的资料准备好。同事看到吴青的做法都感到不解，好心人提醒她："那么辛苦做什么，领导又看不见，太不值得了。"而吴青则是一笑而过，继续做着自己的工作。

一个月后，经理来到吴青所在的部门，说是要看看明天会议上用的资料。负责整理资料的小张听到之后就慌了，因为这两天光忙着自己的事情了，把公司会议资料的事情忘得一干二净了。经理看到这情形之后，非常生气："我不是前两天就告诉你了吗？这次会议非常重要，而那些资料也是会议上必须要用到的。"

就在大家一筹莫展的时候，吴青将自己准备的那份资料交给了经理："这是您在给小张布置任务时，我自己准备的，我原来只是想积攒点经验的，不知道做的对不对，您拿着先看看吧。"经理一看，脸色顿时好了，因为吴青准备的资料非常全面。

会议开完之后，经理就宣布吴青通过试用期，提前成为一名正式员工。

此后，吴青一如既往的努力工作，很快就得到领导的重视，半年之后，她就成为了经理助理。

吴青虽然未在其位，还在试用期，却已经提前行动，时刻按照正式员工要求自己，并且能够主动做上司没有交代过的事情。像这样能够提前早作准备的好员工，自然会得到领导的重用。

而在现实职场中，只要我们稍加留心，就会发现：领导布置的任务没有及时完成、万事等到领导追问才去做……这种行动缓慢的员工大有人在，这样的人不但得不到领导的青睐，甚至还会被解雇，更是无法实现事业上的辉煌。

小赵是一家公司的推销员，刚开始工作的时候，小赵凭着自己的一股热情，积极的投身到工作中，然而结果并不遂人意。

在一个寒冷的傍晚，小赵垂头丧气的走进了一家咖啡屋，他一边喝咖啡一边思索自己这两个月来的工作。可以说，小赵每次都很努力的工作，然而每次都是手忙脚乱的，并且到了客户那边却不知道该如何进行。

小赵想了很久，甚至都想放弃这份工作了，就在这时，他看到身边的一个人正在写东西，他好奇的凑过去，原来那人正在写工作计划。

顿时，小赵终于明白了自己为什么每次都会失败。原来他每次出门推销之前，都对客户一点儿也不了解，以至于在推销的过程中，经常不知道自己该说什么。

明白了这些之后，小赵开始积极的早作准备，每天下班之后都要把第二天需要的客户资料准备好，这样一来，小赵的工作就进行的顺利多了，他的业绩也明显的提高了。

在职场中，所有的人都会遇到小赵这样的情况，每天手忙脚乱还没成绩，甚至还会影响到自己的情绪，出现恶性循环，最终影响到事业的发展；相反，如果每一个员工都能够提前做准备，自觉主动地投身到工作当中，就一定能够激发工作的热情。

在当前，任何企业、任何老板都需要那些做事领先他人一步、自发完成任务、自发创造财富的好员工。因此，只要学会“笨鸟先飞”，就一定能够把握住成功的每一个机会，就一定能够成为最优秀的员工！

5 不要一味的等待老板的安排

卡耐基曾经说过：“有两种人将永远一事无成，一种是除非别人要他去做，否则绝不主动去做事的人；另一种则是即使别人要他做，也做不好事的人。那些不需要别人催促就会主动去做应该做的事、而且不会半途而废的人必将成功。”

在职场中，任何一个优秀的员工都是能够自动自发的去工作，他们不用等到老板的催促，就做好了自己该做的工作，正是因为他们的积极主动使他们在工作中取得了优异的成绩。正如一位成功者在谈到自己成功经历的时候所言：“像无数的年轻人一样。我在年轻的时候也做过许多工作。修理自行车、卖过字典、做过家教、做过书店的收银员，在上大学的时候，为了换取学费，我还给别人打扫院子、整过房间和船舱。我曾经也认为这些工作非常的单调而且无聊，所以觉得没必要主动、认真的去做，到后来，我发现自己完全错了。事实上，这些工作给了我许多宝贵的教诲，不管从事什么样的工作，我都从其中学到了不少经验。如今，我成为了一名管理者，我依然像原来那样主动去找事情做，尽管那不是我的工作。这不仅让自己与众不同，也会为自己的成功铺平一条道路。”

然而，在现实工作中，很多年轻人以为只要准时上下班、完成老板布置的任务就可以心安理得的去领工资了。这些人在工作中处于茫然的状态，被动的应付工作，为了工作而工作，他们从来不会把自己的全部热情和智慧投入到工作中，这样的员工只能是机械地完成老板交代的任务，永远也无法成为公司中不可替代的员工。

林静毕业之后到一家外资公司做办公室文员，她的工作非常简单，同样也非常单调，无非就是替其他的同事复印一下资料、收发一些信件之类的工作。

然而，林静并不这么认为，她一直觉得任何一个职位在公司中都有特定的意义。于是，她将自己的全部精力都投入到了这份工作中。两个月下来，林静的工作得到很多同事的好评和领导的表扬。

按常理来说，林静的工作是非常轻松的，没有什么实质性的东西。但是林静却非常忙，她不但要完成自己的本职工作，很多时候还会做一些其他的事情，例如帮助同事做一些表格、整理资料，帮助经理查找需要的文件等，虽然这些工作不是老板吩咐的，也没有一分钱的报酬，但是林静每次都能非常认真地去做。为此，很多同事都在背后暗暗地笑她“真是个傻丫头”。

对于同事们的议论，林静从来不这么认为，她觉得自己虽然为公司付出了多余的劳动，公司也没有给自己一点儿报酬，但是她觉得自己从中学到了很多东西，这不是用工资来衡量的。

经过一年的努力，林静已经成为公司的顶梁柱，很快就被经理提拔为公司的部门主管，而那些曾经嘲笑林静傻的员工，依然在自己的岗位上原地踏步。

成功的机会总是留给有准备的人，像林静这样不是一味地等待老板来吩咐，积极主动做事的员工，自然会从中获得更多的机会，从而使自己的能力得到更好的锻炼。

然而很多人却没有意识到这一点，他们往往习惯了等待，即便是闲着无事可做，也不会主动的去做其他的工作。即便是领导走过去问他们为什么闲着，他们也只会说“老板安排的事情做完了啊!”在这些员工的眼里，只要做完老板交代的事情，就已经圆满完成任务了，就可以成为公司的佼佼者。其实则不然，任何一个老板都喜欢积极主动工作的员工，一味地等待老板安排工作，只会让老板觉得你责任心不够、工作不够积极主动，即使拥有很强的能力也无济于事。

比尔·盖茨曾经说过："一个好员工，应该是一个积极主动做事，积极主动提高自身技能的人，这样的员工，不必靠强制手段去激发他们的主观能动性。"作为一个公司的员工，不要一味的等待老板的吩咐，只有在完成自己的工作之后，主动地做一些额外的工作，才能得到领导的青睐，才能赢得发展的空间。

王东毕业于某知名大学，毕业之后，凭着自己优异的成绩、过人的能力，很快就被一家著名的科技公司看中。

刚刚进入公司之中，王东只是其中一名普通的技术员。王东从小就有一个良好的习惯，无论做什么事情从来都不需要等着别人来安排，到了工作岗位之后，王东一如既往保持自己良好的习惯。刚刚进入公司的第一个月，王东就积极地向身边的一些老员工学习，很快就掌握了整个部门的工作流程。

在工作中，王东凭着自己过硬的基础知识，给领导提出了许多切实可行的意见，尤其是对新技术研究的课题上，王东提出了许多宝贵的意见。对此，领导经过研究之后，觉得王东的意见非常切实可行。于是，领导和公司就将此事交给了王东。

当王东率领大家将工作完成之后，很多人都沉浸在胜利的喜悦当中，而王东却并没有因此而停住自己的前进的步伐，再一次向领导提出新的建议，着手开发下一代新产品。

三个月后，王东就被提拔为主任工程师，一年之后，就被提拔为公司的总工程师。

在职场中，几乎所有的领导都喜欢王东这样的员工，他们不是在自己的岗位上一直等待老板的任务，而是主动地向老板提出建设性意见，时时刻刻推动公司的发展。同样，这样的员工，在职场中也是必然会从众多的员工中脱颖而出，成为公司中出类拔萃的员工！

6　专注做事，高效执行力的保障

有这么一个故事：

一天，一位著名的作家去乡下看望他的好友——一位著名的雕塑家。当作家走进他好友的工作室的时候，首先映入眼帘的就是一副女性半身像。好友来到那个雕塑身边，兴高采烈的向作家介绍到："这是我的最新作品，你过来看看。"

当作家正在慢慢欣赏的时候，身边的好友突然说道："前两天一直就觉得不太完美，我终于发现了原因——就是因为那肩膀上的线条还显得有些僵硬，对不起……"

还没说完，雕塑家就拿起一把小刀，开始进行他的创作。只见雕塑家在这尊雕像前专心的修改了起来。时间在一分一分的流失，不知不觉中已经过了将近两个小时。在这段时间中，雕塑家早就将身旁的好友忘得一干二净了，他的眼里只有那尊雕像，除此之外，再也没有任何东西了。

两个小时之后，雕塑家终于完成了自己的杰作，当他满意的走向门外的时候，才发现一直在等他的好朋友。为此，他觉得非常过意不去，赶紧走过去向朋友道歉："对不起，我刚才太投入了，居然把你给忘记了，真是该罚，走，咱们吃饭去！"

虽然被雕塑家冷落了两个小时，但是作家一点儿也没有生气，反而感叹道："我在这里一天的收获，比我在学校几年的收获还要大。我从来没有看见过一个人可以如此专注的工作，甚至将时间和整个世界都遗忘了，你真得让我太感动了。在这短短的两个小时中，我明白了成功的秘诀——专注。只要我们专注的工作，无论什么样的事情，都一定能够成功。”

的确如这位作家所言，任何一个人，只有做到专注，只有将自己的时间精力和智慧全部都集中到一件事情上，就能够最大限度的发挥自己的积极性、主动性和创造性，从而实现自己的目标。

在职场中也是如此。每一个员工的精力都是有限的，如果将有限的精力同时放在几个不同的目标上，就很难取得成功，最终将一事无成；相反，如果将自己的全部精力专注到一件事情上，就一定能够获得更多的机会。正如美国著名管理学家卡莱尔所言：“每一位员工都应该这样想，即使最弱小的生命，一旦把全部精力集中到一个工作目标上去，也会有所成就，而最强大的生命如果把精力分散开来，最后也将一事无成。”

从小我们就听过“水滴穿石”的故事，即使一颗小小的水珠，只要不断的滴下来，就一定能够把最坚硬的岩石滴穿。因此，任何一名员工，只有专注自己的工作，才能够保障自己的高效执行力，才能够赢得成功。

提起张立勇，相信很多人都会对他竖起大拇指。他原本是一个高中没读完，在清华大学第15食堂中的一个卖馒头的小伙子，如今已经成为众人口中的“馒头神”。要知道，这样的一个称呼不是随随便便就得来的，他英语口语流利，托福考了630分，大学英语四、六级考试更是早早的过关，他在校外兼职英语家教，在清华餐饮中心英语培训班任主讲老师，他还在报纸上发表了不少文章……

张立勇之所以会有如此大的成就，主要来自于他的专注，他一生只做一件事。他做到了一般人做不到的事情：这个原本高中都没读完的小师傅，在8年的打工生活中，坚持自学英语。在这期间，他克服了常人难以忍受的困难，忍受了常人不能忍受的寂寞，承受了常人难以承受的苦难，他为了自己心中的梦想，一步一步的向前努力。经过8年的时间，终于收获到了成功。

一个普普通通的卖馒头的小伙子，硬是因为一个梦想、一个追求，在

8年中只专注一件事情，从而取得了令许多人瞩目的成绩，他的这种专注精神实在令许多人汗颜。在我们现实的职场中，许多人都拥有良好的工作环境、过硬的学历，就是因为没有专注的精神，才致使自己的工作经常无法完成，从而遭到老板的误解和批评。

阿昌是一位理发师，他非常健谈，每次有顾客的时候，他都能和顾客谈得十分投机。然而就是这样一位理发师，却经常遭到老板的批评，原因就是他做同样的一件事要比其他同事多耗费很多时间，影响了店里的生意。

对于老板的批评，阿昌也非常不满意，心想我有这么好的手艺，而且还能赢得顾客的欢心，凭什么批评我，对我不满意呢？有一天，店里来了一位客人，由于很多人都在忙，只有阿昌比较清闲，于是这个客人就交给了阿昌。

阿昌在理发的时候，兴致勃勃的给顾客讲了一大堆的奇闻轶事，原本以为会引起顾客的注意，谁知顾客毫无兴趣，就剩下他一个人在哪里喋喋不休的讲话。于是，阿昌就问那位顾客："我在这里给你讲了半个小时的故事，你为何始终一言不发呢？"顾客笑了笑说："我之所以坐在椅子上闭目养神，没有搭理你，就是想让你知道，你的工作是理发，而我的任务就是坐在这里让你理发。只有我们两个人都集中注意力，认真履行自己职责的时候，我们才能尽快的理好发。如果我没有记错的话，以往的理发师只需要20分钟即可完事，而你则因为滔滔不绝的讲话，耽误了你的工作。"

阿昌听完顾客的话之后，在余下的时间里管住了自己的嘴巴，专心的理发，很快就将工作完美的做好了。

在职场中，如果人人都像阿昌一样，不把自己的全部精力都集中到一件事情上，势必会让工作变得拖拖拉拉，影响工作的效率。长时间下来，就会让老板误解你的能力，认为你没有能力将工作做好。尤其是在竞争激烈的今天，如果不能够专注，势必会在激烈的竞争中惨败。

7 服从，塑造高效执行力的第一步

在美国西点军校，有一个悠久传统，每当长官问话的时候，学院只有有四种回答，分别是："报告长官，是"、"报告长官，不是"、"报告长官，知道"或者是"报告长官，不知道。"除了这四种回答之外，不能多说一个字。

从这个里面，我们不难发现其中推崇的是绝对服从的理念。"服从"是美国西点军校 200 年来一直奉行的重要行为准则，同样也是每一位学生必须遵循的理念。

在当今职场中，服从是每一位员工必须具备的最基本素质，同样也是员工实现高效执行的第一步。作为企业的一名员工，如果学不会服从、没有服从观念，就无法在职场中立足。只有每一位员工都服从上司的安排，才能保证整个公司的工作机制顺畅的进行。

然而，在我们的身边，总会发现很多有才华的年轻人，却得不到任何公司的重任。究其原因主要是因为这些人常常自以为是，头脑中没有服从的理念，因此也不能很好的配合其他人的工作。这样的员工只能招来领导和同事的反感，最终必将一事无成。

服从是执行力的第一步，只有员工都具有服从的精神，才能够按照老板的想法，井然有序的将工作展开；相反，如果所有的人都不具备服从的精神，必然会影响到公司的运作。有一位老板曾头疼的对大家说："我的思路已经到位，关键是下面的员工跟不上。总部制订了策略、计划，总是不能在分公司有效执行，分公司总认为总部的方案不好，叫他们自己出方案，他们又做不出来，即使做出来，也没有任何专业性，让你没办法批准。刚开始我以为是我们做计划的方式有问题，后来采取了参考分公司计划的民主做法，还是不行。整个公司的效率非常低，真是头疼，基本上所有分公司都是这样。”

我想这位老总头疼的根源就在于——服从，分公司效率低下主要是由于没有培养好员工的服从意识，所以才会导致计划无法准确的贯彻和实施。因此，作为一个公司，如果员工缺少了服从的理念，必然会影响到公司的运作，从而影响到员工自身的利益。

小孟毕业于国内著名的石油大学，毕业之后被分配到一个海上油田钻井队。为此，小孟兴奋了很多天，觉得自己终于可以一展抱负，终于能够把自己所学到的知识运用到工作中去了。

孰料在工作的第一天，小孟就失败了。原来是这样的：在工作的第一天，领班就要求小孟在规定的时间内登上几十米高的钻井架，然后把一个包装好的漂亮盒子送到最顶层的主管手里。虽然小孟不知道盒子里装的是什么，但是小孟还是服从领班的安排，拿着盒子快步登上高高的狭窄的舷梯，当他气喘吁吁的把盒子交给主管时，主管只是背着他从盒子中取出一样东西，然后封好包装并签上自己的名，就交给了小孟，并嘱咐他送回去。小孟又快步跑下舷梯，把盒子交给领班，领班同样背对着他，然后换了一个新盒子，也在上面签下自己的名字，让他再送给主管。

小孟非常纳闷，同样也非常生气，不知道他们在搞什么鬼，但却很无奈。只好又一次快步的登上顶层，将其交给主管。没想到主管和上次的反应一样，只是从里面取出一样东西，然后把包装封好、签上自己的名字，就让他下去交给领班。当他浑身是汗两腿发颤的站在领班面前时，领班还是那样不变的重复动作。

这时，小孟已经非常生气了，但是他一直告诉自己不要发作，一直劝自己要平静。于是他再一次拿起盒子艰难的爬上了顶层。这次当他到了顶层之后，主管说：“把盒子打开。”他用力撕开外面的包装，打开盒子，发现里面居然只装了2个螺母。顿时，小孟怒火冲天，气愤的看着主管。

“把这2枚螺母分别拧到那边的螺丝上。”主管命令小孟，可是这一次小孟实在是无法忍受了，他“叭”地一下把盒子摔在了地上，愤怒的说道：“如果这样戏耍人的话，我不干了！”

这时，主管站起来严肃的说道：“螺母虽小，但却能固定住这座井架。你可能不知道，你反复地上下没有白忙活，因为找到了适合的螺母。再者，我刚才让你做的这些，叫做承受极限训练，因为我们在海上作业，随时会遇到危险，这就要求队员身上一定要有极强的承受力，承受各种危险的考验，才能完成海上作业任务。作为一个优秀的海上油田钻井队队员，首先应该对上级命令绝对服从，它是成就油田事业的素质之一。可惜，前面三次你都通过了，只差最后一点点，你没有把螺母拧到螺丝上。现在，你可以走了。”

听到主管的话，小孟既遗憾又惭愧的低下了头。

服从是职业人士所必备的基本素质之一。俗话说，职场如战场，每一个员工只有做到了服从，才能从根本上保证企业的发展。尤其是在现代企业中，它的作业方式已经越来越流水化、单纯化。无可否认，这种工作方式在一定程度上会导致员工工作情绪的低落，但如果不能适应这样的环境，像小孟那样不懂得服从的重要性，不仅没有发展的前途，甚至连发展的平台都很难找到。

任何一个人，若要想在职场上更好地展现自我能力，就必须学会服从老板的旨意。只有懂得服从、贯彻服从，才能成为企业发展最需要的人，才能实现自己的事业理想！

第五章　像老板一样对待你的公司

公司是船，员工是船员；公司是员工发展的平台和载体，员工是公司的主人，掌握着公司的发展方向。只有每一个员工像老板一样对待公司，把公司的工作当成自己的事业来经营，和公司一同乘风破浪，就一定能够在这个舞台上实现自己的梦想！

1 做公司的主人，而非仆人

英特尔的总裁在一次演讲中提到："不管你在哪里工作，都别把自己当成员工——应该把公司看做是自己开的一样。"简单的一句话，足以告诉我们，只有以老板的心态对待企业，以老板的心态对待你的工作，才能够取得最大的成功。

公司是员工发展的一个载体，不仅为员工提供了一个工作的机会，更为员工的发展提供了一个平台。作为一个企业的员工，只有切实的将自己融入到企业当中，时刻把自己作为企业中的主人，站在老板的角度考虑问题，运用老板的心态处理事情，向老板一样处处为企业着想，才能得到领导的青睐、成功之神的眷顾。

然而在现实当中，很多员工认为自己是老板雇佣的，在工作中也常以打工者的心态自居，他们单纯的认为，公司是老板的，我们只是为其打工、进而取得报酬的，有的员工甚至无意有意的将自己和老板置于对立的位置。因此公司的发展好坏都与我们无关。因此，凡是拥有这种想法的人，他们在工作中无一不是敷衍工作，把原本有乐趣的工作当做是一种苦差事，把老板当做是监工，这样的员工不但对企业毫无感情，甚至都无法积极的投入到工作中。

只有当员工把自己作为公司的主人，以老板的心态参加工作时，才能够认真、负责的对待公司的每一件事，才能热爱公司，积极的处理公司的事务。只有像老板一样尽心尽力的工作，才是发挥更大的工作潜能，才能在众多的同事中脱颖而出，才能赢得更多的机会，才能赢得成功！

晓红毕业后，在一家外资公司任最普通的文员，她每天的工作无非就是拆阅、分类大量的公司信件，工作内容非常单调，而且工资也是全公司最低的。

然而晓红并没有因为工作单调、工资低就放弃进取，她不但把本职工作做的无可挑剔，而且每天都还加班加点的做一些和自己无关的工作。

为此，好心的同事提醒她："你的工资那么低，何必那么卖命呢？反正我们都是给人家打工的，凑合凑合就可以了。"晓红听到之后，只是淡淡的笑了笑，说道："既然我已经进入了这一家公司，这里就是我的家，我必须得像主人一样，把这家公司当做是我开的，积极的工作。"

此后，晓红还是一如既往的工作，还每天都帮助老板整理需要的文件，帮她收集最新的资料信息……她一直都十分努力，尽管没有人给她一丁点儿报酬。

直到有一天，经理助理辞职了，在挑选新助理的时候，经理自然想到了晓红，因为在这之前，她已经开始默默地做这份工作了。

在后来的工作中，晓红继续努力的工作，丝毫不敢有任何懈怠。终于晓红引起了更多人的注意，很多公司纷纷向她发出邀请函，然而面对高薪的诱惑，晓红毅然选择留在这家公司。而她所在的公司也多次为晓红升职加薪。

晓红之所以能够得到众多公司的青睐，并不是由她有多么高的才能，完全是由于她对待工作的态度。无论她身处何种职位，她都能把公司当做自己的家，做公司的主人，时刻为公司的发展考虑。这样的员工自然会受到众人的青睐，自然会赢得成功之神的眷顾。

任何一个人，只要你具备老板的心态，能够像老板一样的工作，就一定能够在公司中茁壮的成长，才能不断的开发自身的潜能、提高自身的价值，才能在公司中变得越来越重要。

小张是某有线电视公司的一位年轻的工程师，他的工作地点主要在郊区。有一天早上，小张到一家器材店去购买木料。

看着切割木料还得很长时间,小张就决定随处走走,在一个商店门口,小张无意中听到有人在抱怨自己所在公司服务的态度差。只听那个人非常气愤地说道:“那家公司的服务太差劲了,我打了好几次电话都没人管……”那人越说越起劲,不一会儿周边就围上了好多人。

小张听到他们的抱怨,马上走了过来,问道:“先生,很抱歉,我听到了你对这些人说的话。我就在这家公司工作。你愿不愿意给我一个机会改善这个状况?我向你保证,我们公司一定可以解决你的问题。”说完之后,小张立即给公司打了个电话,不一会儿公司的维修人员就赶到了。

其实当时小张完全可以不管这件事,他有很多种选择,而且当时他正在休假,并且还有自己的工作。他本来可以置若罔闻,只管自己的事。然而小张并没有这么做。

回到公司上班之后,小张还特意的给那位顾客打了个电话,当其确定一切都满意的时候,小张才松了一口气。

小张的这一行为不久就被经理得知了,经理不仅表扬了小张,还号召大家向小张学习。

的确,小张完全可以对这件事不闻不问,但是小张是一个以公司为家的员工,他时时刻刻将自己作为公司的一部分,把自己作为公司的主人,无论是在工作中还是在工作时间之外,小张都能以老板的心态对待工作。像小张这样的员工,自然会受到经理的重视和欣赏,一旦拥有提升的机会,想必一定是非小张莫属。

作为一个员工,无论从事何种职业,无论身处何种职位,只要时刻将自己作为公司的主人,处处为公司着想,并能够积极、主动、勤奋的工作,就一定成功成为老板最信赖的员工,从而成为企业中最优秀的员工。

2 时刻把公司的利益放在第一位

在当前社会，要想成为一个优秀的员工，必须要具备主人翁精神。提到主人翁精神，相信大家都不陌生，然而主人翁精神，并非是单纯地把自己当成企业的主人这么简单，而是以一种与公司血肉相连、命运相系的感觉，然后在它的指导下，做好公司的每一件事。

只有具备了高度的主人翁精神，才能将公司的利益时刻放在第一位。众所周知，公司是员工发展的平台，员工的利益依赖于公司利益。也就是说，只有公司发展了，员工才能从中获得自己的利益。因此，任何一个员工都应该把公司的利益放在第一位，时刻以维护公司的利益为已任。

作为公司的一员，维护公司的利益是每一个员工必须恪守的基本职业道德。正如古人所说："修身齐家治国平天下。"一个员工，只有将公司的利益放在第一位，才能够实现"修身"，才能为以后获得更大的成就做准备；任何一个员工，只有将自己的位置摆正，充分发挥主人翁的精神，才能正视自己的工作，才能自觉地为企业的发展贡献自己的全部力量和智慧，才能得到最大的回报。

高远出生于一个贫困的山村，高考落榜之后就随着哥哥出门打工。由于没有学历和一技之长，兄弟二人只能在一家码头仓库给人家缝补篷布。

工作没多久之后，哥哥渐渐地讨厌起这个工作，平时缝补篷布的时候，总是敷衍了事；而高远则不一样，他不但很能干，而且还特别精细，每当看见哥哥扔下的碎布、线头，他都会捡起来，留着备用。为此，哥哥经常说他："你收那些做什么，咱们是给别人打工的，又不是咱们家的东西。"高远听见哥哥的话，嘿嘿一笑，继续做自己的事情。

一天夜里，突然下起了暴雨。高远听到雨声，连忙从床上爬了起来,抓起手电筒就冲进了雨中,而哥哥则仍在屋中骂道:“真是个笨蛋,冒这么大的雨!”

高远检查完篷布之后,突然发现旁边还有一堆货,高远没有考虑就开始将那堆货物往篷布底下搬,顾不得瓢泼大雨,好长一会儿才将所有的货物搬运到里面。

就在他转身要离开的时候,老板带着几个人匆匆赶来了。当老板看到货物已经被高远搬运到里面了,非常高兴,当场表示要给高远加薪。孰料高远却说:“这没什么,我原本是来看看自己缝的篷布结不结实,再说了,我就住在这里,也是举手之劳的事情。”

回到住的地方后,哥哥听高远把事情讲完之后,更加气愤了:“你真是傻,费那么大的劲,加薪咋不要呢?”高远没有搭理哥哥,躺下睡觉了。

没过多久之后,高远就得到了老板的重用。原来老板看高远如此有责任心,就将另外一个码头的事务交给其处理。

高远刚刚开始管理码头,哥哥就跑过来:“给我弄个好差事干干,我不想整天在那里缝补篷布了。”高远深知哥哥的个性,没有答应,哥哥不死心地问道:“看大门也不行吗?”高远说:“不行,因为你不会把公司的事当做自己家的事来做。”哥哥气愤地骂道:“你真笨,这又不是你的公司,你真是没良心。”孰料高远却对他哥哥说:“只有把公司当做是自己的家,才能用主人的心态来对待公司,才能把事情干好,这才算是有良心。”

多年之后,高远已经成为公司的经理,而哥哥依然在码头上替人缝补篷布。

兄弟两个,高远将自己作为公司的主人,处处为公司着想,时刻把公司的利益放在第一位;而哥哥却一直认为自己是老板雇佣过来的打工者,两个人单单是因为观念的不同,却造就了不一样的结果。可见,只有将自己作为公司的主人,时刻为公司着想,把公司的利益放在第一位,才能够促使你发挥更大的潜能，才能够更快的走向成功的大门。

王涛是一家钢铁公司的小职员，在工厂中，他主要负责过磅秤。上班没多久，王涛就发现很多矿石中还有残留的铁没有完全炼出来，他心想如果这样继续下去，公司一年就会有很大的损失。

于是，他找到炼钢部门的工人，向其反映了情况，谁知那些工人听说后都哈哈大笑，一边笑一边说："小王啊，这和你有什么关系啊，再说了，即便是有什么损失也和你我无关啊，我们的薪水也不会因此而变化。"

王涛还是不死心，又找到负责该项目的工程师，然而工程师却不相信这一事实，他们认为自己的技术了得，绝对不会出现这样的事情。无奈之下，王涛只好找到总工程师，总工程师听说之后非常震惊，因为从来没有人给他反映过此事。

于是总工程师决定亲自到车间检查，果然如王涛所说的一般，发现了很多提炼不充分的矿石。后来在总工程师的领导下，大家一起找到了问题的根源。

事情过去之后，大家又回到了正常的工作当中，王涛依旧坚守在自己的岗位上。后来突然有一天，王涛接到了总经理的接见，并将其任命为技术监督的工程师。人们才想起来这位年轻的小伙子，看到他的身影，人们不禁为他竖起大拇指。

王涛正是因为把公司的利益放在第一位，才会看到提炼不精的矿石，一级一级地向上反映，如果他像其他员工那样，不以公司的利益为重，恐怕到如今还是一名小小的过磅员呢。

俗话说："国兴则家兴，国亡则家亡。"同样对于企业来说，只有企业发展了，每一个员工才能得到发展。因此，无论何时，每一个员工只有把公司的利益放在首位，确保公司的发展，才能更好的实现自己的利益；相反，如果每一个员工都以自己为出发点，满眼只看到自己的一丁点儿利益，势必会影响到公司的发展，这样一来，最终受影响的还是自身的利益。

3 主动工作，永远没有分外之事

在职场中，我们经常会遇到这样的员工，上班时不会早来一分钟，下班的时候更是不会晚走一分钟，他们既不主动的工作，更不会做自己本职工作之外的事情。一旦遇到加班，他们便会怨声载道，“老板真没良心，又在剥夺我们的业余时间”，“我自己的工作已经做完了，凭什么还让我多干活？”……

可以说，这样的员工是不会得到领导的喜欢的，更谈不上事业发展的前途。众所周知，员工和公司之间的关系非常密切，公司是员工发展的平台，如果每一个员工都如此的自私自利，不肯为公司多出一份力，那么公司就无从发展，个人的利益也就成为了空想。

相反，那些优秀的员工则不会出现这样的情况，无论老板在与不在，无论是不是自己的工作，无论老板有没有吩咐……他们都会积极主动的工作，甚至不计报酬的做自己分外的工作。在他们的眼里，公司就是他们的家，自己就是公司的主人，他们工作不是给老板看的，而是为自己而工作。

几年前，西班牙举办了一次国际产品展示会，由于规模庞大，吸引了世界各地的许多企业参加，其中就有不少来自中国的企业。在众多的中国企业当中，有一家企业由该企业的市场部经理带领。

一般来说，在开展之前，每家公司都有大量的事情要做。例如：展位的设计与布置、资料的整理与分装、产品的组装等，这些工作无疑得靠大家的加班加点才能完成。

然而，就在准备的时候，公司的员工纷纷抱怨，他们不愿意多做一点儿工作，不肯多干一分钟的活儿。市场部经理看到这种情况非常生气，亲自去叫他们干活，但是那帮人却说：“这又不是我们分内的工作，要我们做本职外的工作，必须得给加班费！”大家七嘴八舌的抱怨着，甚至有的员工还说：“经理，你也只是一名打工仔而已，只不过比我们的地位稍微高一点，干吗那么卖命呢？”

市场部经理无奈，很多员工离开了工作现场回宾馆休息去了。等他们走后，市场部经理才发现，诺大的工作现场只有他和另外一个员工，刚才那个员工一直站在大家的后面，一言不发，现在他却没有走。于是，经理上前问道：“你为什么不走？”“我留下来陪你加班，既然来参加展示会了，我们就一定得做好。这虽然不是我的分内工作，但是如果公司因此而名誉受损，相信我们的利益也会受到损害。”这名员工平静地说道。

于是，市场部经理和这位主动留下来的员工就开始工作了。一直等到开展的前一天晚上，董事长来到现场，亲自检查展览的准备情况，发现只有市场部经理和一名员工在忙碌，而其他的员工则早已不见身影。

一见到董事长，经理就自责的说：“董事长，您处罚我吧，我失职了，没能让所有的人都过来加班。”然而董事长并没有责怪他，而是拍拍他的肩膀，示意他宽心。接着他又问道：“那位员工呢？是你让他留下来的吗？”“不是，是他自己主动要求留下来工作的。”经理如实回答道。

参展结束之后，一行人回到了公司。然而不久，公司就出现了一批大的人员调动，那位主动加班的员工被董事长提拔为一家分厂的厂长，而那些没有主动工作的人则被开除。

那些被开除的人非常不甘心，纷纷跑到人事部向人事经理抱怨：“我们不就是多睡了几个小时吗？凭什么就被炒鱿鱼啊，而他不就是比我们多干了几个小时的活儿，他有什么能力做一家分厂的厂长啊？”

这时，董事长来到人事部：“其实，市场部经理当时只是让你们一起加班，提前将参展的东西准备好，而你们呢？一听到加班，就满腹牢骚。你们不愿意做分外的工作，这是你们的主动行为，你们用前途换取了几个小时的懒觉。而那位积极、主动加班的员工，我让他做分厂的厂长，最重要的一点就是他的人品，他能把公司当成自己的家，不论是自己的本职工作，还是分外的工作，他都能做好，这样的员工理应得到提拔！”

正如这位董事长所言，在职场中，凡是喜欢抱怨，不主动积极做分外工作的员工，一定不会得到企业的重用，甚至还有可能因此失去发展的机会。所以说，如果你想得到领导的重用，就必须在完成自己的本职工作以外，积极主动地做一些分外的工作，千万不要一听到加班就跑得无影无踪，否则就永远不能成功，自己的利益以及事业更是无从谈起！

有位小姑娘来自偏远的山村，为了生活的需求，她被迫来到城市打工，由于没有什么特殊的技能，于是她到一家专卖店做店员。在正常人看来，这是一个不需要什么技能的职业，只要招呼好来的顾客就可以了。他们认为这是一个没什么前途的行业，很多人已经在这里做很多年了，但没有几个人是认真投入到工作中的。

然而这位小姑娘却恰恰相反，她从一开始就表现出了极大的耐心，并将自己彻底地投入到工作中，无论是自己的工作，还是分外的工作，她都做得非常好。

半年之后，小姑娘由于过人的表现，被老板分到一家分店做店长。

主动积极工作，是一个优秀员工所必备的重要素质，优秀的员工会将工作视为自己的事业，会自动自发的将全部精力投放到工作中。很多公司在评价一个优秀员工的时候，遵循的唯一标准就是看他工作时的态度。优秀的员工无论老板在与不在，无论是自己的本职工作还是分外工作，他们都是尽心尽力的完成，而不会一味的等待老板的吩咐，更不会像奴隶一样，在督促下被迫的工作。

只要将公司视为自己的家，将工作作为自己的事业，在工作中摆正心态，不分分内还是分外的工作，都积极主动地完成，就一定能够成为最优秀的员工！

4　不要把问题丢给你的老板

在职场中，我们身边有很多这样的员工：老板交给他们一项任务，但是过不了多久，他们就会敲开老板的办公室大门，向老板询问如何处理。甚至有的员工会告知老板，说这个问题自己无法解决……

那么这样的员工是老板需要的吗？我们不妨先来看一则案例：

卡内基曾经在宾夕法尼亚州匹兹堡铁道公民事务管理部担任一小小职员。一天早上，他在上班的途中，发现一列火车在城郊外发生车祸。此时情况十分危急，但是现在还没到上班的时间，他打电话给上司，却怎么也打不通。

面对这种危机的情况，卡内基知道不能再拖了，否则将会对铁道部产生重大的影响。虽然现还没有联系上负责人，但是他也不能眼睁睁的看着。

于是，卡内基以领导的名义给列车长发了电报，并把自己的方案告诉了列车长，让其按照自己的方案尽快处理。卡内基虽然知道这样做是严重违反了公司的规定，将会受到严厉的处罚，甚至有可能被辞退，但是为了公司的利益考虑，卡内基还是义无反顾的做了。

当卡内基到达公司之后，他向上司交了一封辞职信。与此同时，上司也了解了卡内基处理事务的过程以及前因后果，他看了看那封辞职信，什么也没说，就把它放在了一边。卡内基在忐忑不安的心情中等了一天，可是两天都过去了还是没有一点儿消息。第三天的时候，卡内基来到上司的办公室，向其说明了原委,并说明自己愿意辞职。

然而,上司的回答却让卡内基大吃一惊。“小伙子,其实你的辞职信我早就看过了,但是我觉得完全没必要。因为你是一个敬业的好员工,你所做的一切就证明了你是一个主动做事、不把问题留给老板的人,这样的员工我怎么舍得辞退呢?”

看到这里想必大家都已经明白了吧,在职场中,老板最喜欢的员工就是那些能够克服重重困难,将问题留给自己,把结果留给老板的员工;相反,那些在问题面前不主动想办法,而是想方设法逃避问题的员工则永远不会得到领导的青睐。

一家汽车公司推出了一款新车,这款汽车无论从式样,还是功能上来说,在国内外都是一流的,唯一的不足之处就是价钱有一点儿贵,超出了一般工薪阶层的支付能力。因此,几个月来,这款汽车的销售额非常差。

针对这个情况,公司的上层都十分着急,如果继续保持这样的销量的话,恐怕连成本也无法收回。但是他们想了很久,也没有找到提高汽车销量的好办法。

这种情况不仅引起了高层的重视,也引起了销售人员的注意。其中的一位销售人员小张,通过这两个月来的观察,发现很多客户对这辆车的外形、功能都十分满意,但都觉得自己无法负担得起。于是他就开始琢磨:如何才能打消人们心中的疑虑,提高汽车的销售量呢?终于有一天,他想到了一个好办法。

于是小张来到经理办公室,向经理提出一个创意,那就是在广告上登出:花500元买一辆汽车。这个创意的核心就是通过分期付款的方式,用小额的付款吸引人们的注意。这一方案,很快就得到了高层领导的认可。在付出时间之后,短短的3个月,该款汽车的销售量已经跃居首位。

而小张也因此得到领导的重视,被破格提拔为经理助理。

事实证明,在面对问题的时候,那些能够主动请缨,积极为公司排除万难的员工，才是老板最喜欢的员工。把问题留给自己，把结果留给老板，这不仅仅是一种主动的敬业精神，更是优秀员工所必备的最基本的素质。如果每一个员工都能像故事中的小张一样，积极为公司寻找解决问题的方法，不仅能够为公司带来效益，还能为自己的发展提供更好的平台。

在当前职场中，很多害怕问题的员工，他们把问题比喻为一个炸弹，认为谁要是踩到了，就必定会遇到麻烦。因此当问题出现的时候，他们总是想尽一切办法躲避，面对问题他们会找到众多的借口。更有甚者，有的员工将问题直接推到老板身上，他们错误的认为，只有将问题转交给老板，才是最安全的做法。他们认为与其自己摸索解决问题的办法，倒不如等着老板去解决，自己再按照老板的吩咐来执行来得可靠。这样的员工，所有的老板都不会雇佣的。无论是多么有名的公司，一旦拥有这样的员工，恐怕就会影响到公司的发展，甚至还会促使公司倒闭。

在 1999 年之前，凯马特还是美国的第一大零售商，但是在这之后，凯马特就逐渐走上了下坡路，直到 2002 年，不得不申请破产。而在这其中就有一个关于解决问题的故事：

早在 1990 年年度总结大会的时候，一个高级经理认为自己犯了一个错误，他向身边的上司请示应该如何改正。然而这位上司也不知道该怎么做，于是他就向他的上司请示……这样一来，一个小小的问题，最终推到了总裁那里。

后来，公司最终还是走向破产了，当总裁想起当时的情况时，苦笑道："真是太可笑了，竟然没有人积极思考解决问题的方法，而宁愿将问题一直推到高层领导那里去。"

不敢面对问题的员工，无论你身处何种职位，都会严重影响公司的发展，严重得就像故事中的凯马特一样，最终走向破产的命运。试想之，如果当时大家不把问题留给总裁，而是自己想办法解决，或许就是另外一种结果了。

一般来说，老板既然把工作交给了你，你就应该积极的面对工作中出现的各种问题，只有这样才能表现出你的责任心，才能展现出你的能力，才能得到老板的器重。相反，因为推卸问题，耽误了解决问题的最佳时刻，不仅会给公司带来严重的影响，还会失去发展的平台，影响自己的前途。

因此，作为一个合格而优秀的员工，就必须学会面对问题，学会处理问题，让问题到此为止，把满意的结果留给老板！

5 换位思考，理解老板的苦衷

在职场中，很多员工觉得自己是被老板雇佣过来的，并且觉得老板是在剥削、压榨自己的价值，因此，很多员工都会不自觉地将老板放在对立的一面。这样的员工在工作的时候，从来不会心甘情愿的去工作，当然也无法创造出令人羡慕的成绩。

其实，如果这些员工懂得换位思考，如果他们能设身处地的站在老板的角度上思考问题，就一定能够理解他们的苦衷。在《圣经》中就有这样的一条黄金定律：你怎样对待别人，别人就怎样对待你。把这一条定律用在职场上同样行得通。在当前职场中，如果每一位员工都能把自己的利益先放在一边，设身处地的为老板想一想，就一定能够心甘情愿的为领导排忧解难。而领导在看到你的表现后，同样会为你的忠诚而感动，最终给你更大的回报。

某文化公司的老板决定创办一本杂志，为了更好的开展工作，不得不招聘新的员工，在朋友的推荐下，王民和李超进入公司。刚进公司的时候，老总就问他们对薪金有什么要求，王民想了一下说："好多家报社都请我去呢，而且他们的待遇也非常好，5000吧！"老总听到王民的话，虽然感觉有点多，但是想想自己正在网络人才，也就认了。接着他又问李超同样的问题，结果李超却说："我先做着吧，您看多少合适就给多少吧！"

其实，王民和李超都明白，老总是身价百万的富翁。但是，王民却想：既然他这么有钱，不要白不要；而李超则认为：老板虽然有钱，但也是自己一分一分挣回来的，只要自己做得好，老总自然不会亏待自己。

在筹办杂志的时候，经常需要外出。李超外出的时候，经常是冒着炎炎烈日，骑着单车；而王民则是出门打的，不时的拿着发票找老总报销。

一个傍晚，老总和李超正在商量办杂志的具体事项，不知不觉就到了晚上。老总就说："找个地方吃饭吧，去南海渔村怎么样？"李超知道那里是高消费的地方，于是就说："随便找一个干净的小店就可以了，就咱们两个人，没必要那么奢侈。"

第二天，王民就拿着5000元的发票找老总报销去了，面对老总的询问，王民轻描淡写地说道："我请关系户吃饭了。"老总虽然没有说什么，但是心里已经有了打算。

经过大家的努力，杂志不但出版了，而且发行量也非常好。待到一切都稳定之后，老板决定找一个主编来替他管理这些事情。老板不假思索的选择了李超。

对此，王民一直耿耿于怀，他想我的工作能力也不比李超差，为什么偏偏选择他做了主编。之后，王民一如既往的出门打的，请客户吃大餐……直到有一天，王民拿着一堆旅行的车票和吃饭用的发票找公司报销，但是按照公司的规定，必须得经过李超的签字，面对着一张张发票，李超很为难。这时，王民气不打一处来的吼道："又不是你的钱，心疼什么。"说着拿起桌上的发票就直接去找老总了，老总看了看，还是没说什么，直接给他签字报销了。

正在王民为此偷着乐的时候，接到了老总的辞退信。原来是老总从其他人那里得知，那些发票都是王民带着女朋友出去旅游时的费用。

两个年轻人本来水平相当，但只是因为王民不会从老板的角度来考虑问题，从来都觉得自己是给老板打工的，反正老板有钱，不花白不花，在这种心态的影响下，王民一步一步走到了事业的尽头；相反，李超凡事能够从老板的角度出发，时刻懂得为老板着想，最终赢得了老板的重用，赢得了自己事业的巅峰！

在职场中，很多员工一旦没有晋升的机会，就会不断的抱怨老板，说老板任人唯亲、嫉妒贤能、不喜欢比自己聪明的员工，甚至还有个别的员工认为领导阻碍了自己的成功。其实，抱有这种想法的员工，同样也是一个自私、狭隘的员工。

在工作中，我们不要只问老板能够给予我们什么，而是要先问问我们能给老板什么，只有设身处地的为老板着想，凡事以公司的利益为重，才能得到老板更好的回馈。

田欣是一家杂志社的编辑，她在公司已经有一年了，在这一年当中，田欣工作非常认真，从来没有出过任何差错。

有一次，在一期杂志马上就要付印的前一天晚上，编辑部突然决定临时撤换稿件，由于当时时间非常紧迫，而临时加上的这篇稿子的编辑正好出差去了，编辑部主任就让田欣帮她编审稿。按照规定，还有两个小时就必须得弄完，田欣匆匆忙忙地将稿子编完就交给了编辑部主任。

主任一向对田欣非常信任，只是匆匆的浏览了一下标题就通过了。结果等到杂志出来的第二天，才发现田欣编的那个稿子出了非常大的问题。为此，主编召开会议，大发雷霆，在会议上严厉的批评了主任："工作不认真、不敬业……为了以示对你的惩罚，公司决定扣发两个月的奖金。"接着并对有关的编辑也做了相应的惩罚。

主编虽然没有让田欣承担主要的责任，但是田欣仍然不轻松，她认为这件事的错误完全出于自己，和主任实在没有多大的关系，而且自己还辜负了主任对自己的信任。于是，田欣站起来向主编把事情的原委从头说了一遍，并主动承担责任。

田欣的这一行为不仅让主任感动，也引起了主编的注意。此后，杂志社每当有什么重要的采访时，主任和主编都会不约而同的钦点田欣前往。而田欣也非常争气，一次次的为杂志社立下了功劳。

我们常说“人贵有同理心”，只要能够将心比心，设身处地的为老板想一想，就一定能够体谅老板的做法。曾经有一位创业成功的老板这样说过：**“以前我为别人打工，总是认为领导太苛刻，现在自己当了老板，总觉得员工太懒惰，太缺乏主动性。这时，我才能体谅到原来的老板的苦衷。其实这什么也没变，变的只是看待问题的角度。”**

的确是这样，只要将角度转变一下，理解老板的苦衷，就一定能够心甘情愿的为公司付出，从而得到领导的信赖和重用。

6 和公司一起乘风破浪

在当前职场生涯中，员工和企业不但是单纯的雇佣关系，更是一种合作伙伴。公司是员工的船，是成就员工事业的舞台，只有公司得到了发展，个人才能够得到发展和进步。可以说，没有一个成功人士是单纯的依靠自己而成功的，真正的成功人士都是依靠公司的力量一步步攀登上事业的高峰。

然而在现实中，很多员工却错误的认为，自己是在为公司打工，而公司给自己发薪水，这是天经地义的事情。至于公司如何发展，则和自己没有关系。甚至很多人错误的认为，如果有一天公司走向衰落，自己只要换一个公司就可以了。殊不知，自己和公司之间有着千丝万缕的关系，企业得到了发展，自己才会有更好的发展平台；一旦企业走向衰落，最受影响的还是自己。

作为一个职业人士，若想取得更大的成功，就必须转化思维方式，必须处处为公司着想，必须懂得“帮助别人往上爬的人，会爬的更高”。在工作中，我们只有达到了老板要求的目标，才能帮助公司赢得利润，才能得到老板的赞同和奖励，才会得到老板的重任。

刘芸是一家啤酒厂的普通员工。最近，公司将全部资金投入到一种新的啤酒研究中，然而这种啤酒在当地很难打开市场，因为这家啤酒厂不是特别著名，再加上没有雄厚的资本，人们很难相信这样的公司能生产出优质的啤酒。

半年下来，公司啤酒的销售额一直不景气，啤酒厂的资金也越来越紧张，甚至连员工的基本工资都开始无法支付了。这个时候，很多员工来到老总办公室，要求老总支付工资，当他们看到公司已经支撑不了多久的时候，他们纷纷跳槽了。

老总焦急万分，但又是一脸的无奈，最后公司只剩下几名高层主管和刘芸了。当老总看到刘芸的时候，十分意外，“你怎么没有走呢?”老总问道，“我既然来了公司，就应该和公司一同奋战到底，无论现在的情况怎么样，只要公司不破产，我就一定会和你们同舟共济。”

刘芸的话给老总点燃了一点儿希望，于是剩下的几个人开始拼命的想对策。刘芸这时也加入他们的行列，针对如何才能打开啤酒的市场，让消费者接受这种啤酒，他们冥思苦想了好多天，但始终没有一丁点儿的收获。

于是，刘芸开始四处调查消费者的消费心理。在一个偶然的机会，她发现市中心的一个广场中，有一尊铜像，而那个铜像正是一个正在撒尿的小孩。突然，刘芸来了灵感。

回到公司之后，刘芸把自己的想法跟大家说了一下，得到一致的赞同。第二天，他们就把啤酒广告的大牌子放到了广场中小孩铜像的旁边，而那个小孩撒出的“尿”也早已变成了色泽金黄的啤酒，于是，人们纷纷拿起酒杯开始免费品尝啤酒。

他们的这一行为，很快就引起了媒体的注意，于是，媒体和电视台上争相播放了这家啤酒，越来越多的人开始接受这家公司推出的新啤酒了。

就这样，刘芸通过自己的努力，没花一分钱将啤酒推销了出去，并在很短的时间内就赢得了大量的利润，扭转了公司的局势。

当公司一切都归于正常之后，刘芸也被领导破格提拔为销售总监。

面对公司的不景气，刘芸没有像其他同事那样，选择跳槽，她坚持留在了公司，和老板共舟共济，经过自己的努力，终于为公司打开了市场，使公司得以发展，而刘芸自己也因此得到领导的重用，成为公司中的重要人物。

在职场中，每一个人都会遇到这样的情况，但只要在关键时刻坚持和公司一起奋斗，时刻为公司着想，就一定能够拥有美好的未来。

苏蕾是刚刚进入职场中的新人，毕业之后，苏蕾进入一家普通的企业做文职工作。苏蕾是一个非常热情的人，无论是在工作上，还是在和同事的相处上，苏蕾都会很热情、积极的帮助大家。

一般来说，像苏蕾这样一个普通的文职人员，平时没有什么重要的工作。但是苏蕾却不这么认为，她不但把自己的本职工作做得非常好，而且还主动承担了很多分外的工作。可以说，在公司中的大小活儿，都能够看到苏蕾的身影。

为此，很多人都在背后说："苏蕾真是傻，工资那么一点点儿，干活还那么积极"，然而苏蕾像没有听到一样，一如既往的工作。终于经过半年的努力，苏雷得到了领导的一致认可，成为经理的左膀右臂。

然而就在此时，公司面临着一次重大的考验。由于公司将大部分资金都用在了新产品的研发上，而且现在由于市场经济的各种因素，原有产品的销售量一直下降。顿时，公司陷入了困境，所有的周转完全靠着银行贷款维持。

许多员工看到这一情形，很多人都开始积极的寻找新的出路。没过两周，大部分的同事就纷纷跳槽了，有的员工在临走之前，善意的提醒苏蕾："公司效益一天不如一天了，你还是早做打算吧，况且你那么有能力，肯定能找到一个更好的发展平台！"

但苏雷最终还是留在了公司。她和经理一同奋斗，为公司的发展出谋划策，每天在外奔波，为公司拉赞助……通过两个月的努力，公司的资金终于能够顺畅的流转了。经过半年的恢复，公司又慢慢的步入了正轨。

不久，苏蕾被公司任命为分公司的负责人。

苏蕾之所以有如此的成就，完全取决于她的行动：在公司面临困难的时候，她能够把公司作为自己的家，和公司一同奋斗到底。无数事实也证明，那些能够与公司共同进步、共同承担风险的员工才会得到领导的信任，才会赢得成功。

在职场中，每一个员工都希望有一天能够功成名就，而实现功成名就的唯一方法就是学会"双赢"。一个员工，只有懂得"双赢"的道理，才能在工作中，时刻将公司和个人紧密的联系在一起，才能和公司一同乘风破浪！

7 为公司的发展出谋划策

在当前职场中，衡量一个员工是否优秀，不仅仅要看他的工作能力和态度，还要看他能不能为公司的发展出谋划策，能否为公司的发展提出合理的、有价值的意见。从某种意义上来讲，这也是在考验员工是否忠诚。

通常而言，一个员工，只有热爱自己的企业，把工作当做自己的事业，才会关注企业的发展程度，才会为企业的发展积极地提意见；相反，对于那些对企业莫不关心的人来说，在任何情况下，都不会关注企业的兴旺，更不用说提出合理的意见，帮助公司一同发展了。

对于一个优秀的员工来说，很多问题不仅仅是完成了就可以了，最主要的还是要思考是不是做得最好、公司是不是能够获得更大的利益、还有没有更好的方法……只有给公司提出合理化的意见，才会使公司在发展中不断的完善，从而提升公司的竞争力，为自己搭建一个更好的发展平台；然而在现实工作中，针对公司的发展，很多员工往往缺少好办法、好建议，致使他们觉得这些事情和自己无关，不愿张口，这样一来，不仅埋没了自己的工作才能，还有可能导致公司在发展中受阻，最终影响到自己的利益。

李建是某家公司的制图员，为了查找资料，他每次都要跑到资料室。繁忙的时候，更是如此，几乎每天都在办公室与资料室之间往返。

有一天，李建去资料室查找资料的时候，一边走一边想："这么远的路程，每天来回跑好几趟，把时间都浪费在了路上。假如能够缩短这一部分的时间，岂不是可以省出更多的工作时间。"

当他从资料室回到办公室的时候，发现大家都已经去喝下午茶了。诺大的办公室疏疏松松地摆着几张办公桌，尤其是在各个角落的地方，都有很大一部分空间没有被利用。突然李建想到了一个好办法：如果把办公室的办公桌的位置重新调一下，使大家的办公桌更紧凑一点，就能够腾出更多的空间，这样就可以在这个地方放上一个书架，把所需要的资料就可以放到这里了。这样既节省了大家找资料的时间，还能提高工作效率。

李建将这个想法告诉了经理，经理听到之后也觉得非常合理，于是就采用了李建的办法。此后，大家找资料的时候再也不用去资料室了，这样节省了更多的时间，大家把这部分时间投入到工作中，不但能够在规定的时间完成规定的任务，还能够匀出更多的时间来做一些分外的工作。

在当前职场中，"兢兢业业"的员工已经不能单纯的满足现代工作的需要,作为一名公司的职员,不仅要努力工作、听从老板的吩咐……还要有很好的建议。每一位员工在工作的时候,必须充分调动自己的思维,挖空心思为公司的发展谋求更好的建议,为公司创造一些额外的东西。只有这样,才能促进公司的发展,才能为自己搭建一个更好的发展平台,才能成为最优秀的员工!

对于一个企业来说,最优秀的员工莫过于能够把公司当成自己的家,时刻保持主人翁的精神,为公司的发展提出更好的建议。

赵强在一家蛋糕厂做配送工,虽然他的工作非常辛苦,很多时候都不能按时下班,节假日的时候更是如此。然而赵强却毫无怨言,他自从来到公司上班,就一直非常努力,不但干活卖力,还特别喜欢帮助同事做些力所能及的事情。时间一长,大家都非常喜欢这位能干、朴实的小伙子。

然而,在蛋糕生产越来越趋向饱和的状态下,赵强所在的公司也遇到了一些阻力。最近,蛋糕的销售额急剧下降。为此,老板花了很大一部分钱在电视、报纸上做广告,但都收效甚微,眼看着厂里的蛋糕越积越多,而且很多一旦过了保质期就要被迫处理掉。

所有的员工都非常着急,但谁也没有什么好办法。于是大家纷纷开始抱怨市场、抱怨公司……慢慢的很多员工也开始了消极怠工。看着效益日下的厂子,经理虽然心急如焚,但也无可奈何。

看到这样的状况,赵强也非常着急,但是他没有像其他员工那样抱怨,而是为公司以后的发展积极的想办法。有一天早上,赵强去取牛奶的时候,看见很多人在等待,突然就来了灵感:如果公司能够在每天配送的牛奶瓶上挂一张精美的小卡片,卡片上印着公司定做蛋糕的广告,这样岂不是能让所有的人都看到这则广告,如果他们想订蛋糕,就可以按照卡片上的电话订货。

赵强迫不及待的将这个想法告诉了经理,经理听到之后非常满意，马上就派人做了很多别致的精美卡片，上面还附有了公司定做蛋糕的广告。

效果果然非常的好，短短的几天内，公司的大量存货已经被卖完了，并且又进入了以往的生产阶段。

看到公司又回到了以往正常的运转中，经理非常开心，同时也没有忘记赵强的功劳。为此经理特意给赵强升职加薪。在赵强谈自己的感受时，赵强说道："一个人自从进入公司，就与它分不开了，一荣俱荣、一损俱损，任何一个公司都会面临一些困境，只要大家能够站在公司的角度上，积极地为公司以后的发展提出好的建议，公司就一定能够越办越好，就一定能够在市场中站稳脚！"

的确如赵强所说，公司的发展和每一位员工的命运是息息相关的。只有大家视公司的发展为己任，为提升公司的发展不断的提出"金点子"，就一定能够促进企业的发展，进而为自己谋得更好的发展。

然而也有很多员工在提建议的时候，总是胆战心惊的。其实完全没有必要，只要自己认为对公司有利的建议，就应该大胆的提出。即使自己的建议被否决了，也不必为此耿耿于怀，更不用担心自己在老板心中的地位会下降。因为，每一个老板都喜欢将公司的发展作为己任的员工，即使你的建议不是很完美，没有得到采纳，但仍然能够赢得老板的信任。只要自己不气馁，继续努力，就一定能够得到老板的重用！

8　像爱惜自己的钱包一样珍惜公司的财产

勤俭节约在我国有着悠久的传统，引领着人们的艰苦奋斗、自力更生。

然而在公司中，我们经常会遇到这样的场面：无论是什么时候，公司的灯、电脑都要一律开着；写字纸只用了一面，或者只有几行字，就被扔掉;食堂中,很多员工并非按需所需,一味地要求多打点,吃不完就干脆倒掉……

这样的员工在我们身边非常多,他们认为公司有的是钱,我们浪费的一点儿只不过是公司中的一丁点儿,不会损失到公司的利益;甚至,有的员工认为,既然是公司的钱,不浪费白不浪费,花公司的钱,我不需要心疼。其实则不然,当每一位员工进入到公司之后,就应该懂得“公司就是你的船”,我们就是公司的主人,每一位员工都应该像爱惜自己的钱包一样珍惜公司的财产。

有一位年轻的小伙子在一家石油公司工作,他所负责的工作主要就是巡视并确认石油罐盖有没有自动焊接好。一般来说,石油罐盖的自动焊接方法是将石油罐放在输送带上,在它到达旋转台上的时候,焊接剂便会自动的滴下,随着输送带的旋转,完成一周的焊接。

这样的焊接技术虽然非常简单,但是却非常浪费焊接剂,公司一直想方设法的改造,但尝试了好多次都没有成功,于是就放弃了。

而对于员工来说,很多人都没有把这点事当做一回事来认真的对待,他们认为公司都解决不了的,我更没办法,也有的员工觉得每天浪费一点点焊接剂也无所谓,不会给公司带来严重的影响。

然而,这位年轻的小伙子却不这么想,他在工作中发现,每次焊接剂滴落 39 滴,一个石油罐盖才算焊接完毕。他心想如果能够将其减少一两滴的话,就可以节省一点成本了,这样一年下来,就可以为公司节约很多。于是,这位年轻的小伙子在工作之余开始研究,他深信肯定能够找到解决问题的方法。

通过两个月的研究,这位年轻的小伙子终于研制出 37 滴型的焊接机。但是在使用的时候却发现,这种焊接机会漏油,效果并不理想。这时,很多同事都觉得小伙子是白费劲,他们纷纷认为，“就算是非常理想，又如何，公司不会在乎那一两滴焊接剂的。”

然而小伙子并没有灰心，他继续努力研究，寻找新的方法。终于研发出38滴焊接剂，这次改造非常完美，既不会漏油，也节省了1滴焊接剂。

他将这一研究告诉经理之后，经理非常激动，握着他的手说：“小伙子，你这一滴焊接剂可是为我们公司带来了极大的利润，就凭这一滴焊接剂我们每年就可以多出5亿的新利润。”

此后，小伙子在工作中一如既往的节俭。一年之后，被提拔为公司的副总，几年之后，就被提拔为集团总裁。

小小的一滴焊接剂，很多员工都觉得是公司的事情，和自己无关。而这位年轻的小伙子则将公司作为自己的家，时刻坚持节俭的理念，从而为公司创造出惊人的利润。

作为一个职业人士，只要进入到一个公司中，公司就是你生存的基础，我们就必须像对待自己的家一样对待公司。在工作中，我们必须深知自己和公司是一种互惠双赢的合作关系，当我们在为公司、为老板节俭的同时，我们也为自己创造了更大的利益。因此，作为一名优秀的员工，我们必须珍惜公司的每一分钱。

刘女士天生爱占小便宜，尽管有一份不错的工作，待遇、福利都很好，但是刘女士不仅浪费公司的财产，而且还经常把公司的一些办公用品拿回家。

有一次，公司派刘女士出去洽谈业务，本来很短的路程，但刘女士依然是打车前往，并且选择了一家高档餐厅。两个人的洽谈十分顺利，准备就要签署下次合同。然而，意想不到的事情发生了……

原来，那天刘女士和那位业务经理谈完工作后，那位业务经理就要告辞的时候，刘女士给女儿打电话让其过来吃饭。而在当天晚上，那位业务经理发现刘女士的女儿竟然和自己的孩子是同班同学,他在给孩子辅导功课的时候,突然发现刘女士女儿的作业本竟然是刘女士所在公司的办公纸做的。

那位业务经理看着这一切,再想想上次的事情,对刘女士的印象急剧下降。于是他直接打电话到刘女士所在的公司,提出要终止和刘女士的合作,并把自己所看到的事情一一告诉了刘女士所在的公司。

刘女士的领导听到之后非常震惊,他在平时就看出刘女士十分浪费,就像上次谈生意回来,拿着一大堆的发票报销,没想到居然拿着公司的钱给自己花。

领导知道其中的原委后,毅然地将将刘女士辞退了。

原本是公司的得力干将,但是由于不懂得为公司节俭,甚至假公济私,将公司的财产拿回自己的家,试问,这样的员工有哪个老板会接受呢?

作为一个员工,只有大力发扬勤俭节约的精神,在平时的工作中,自觉地节约公司的财产,无论是各种经费,还是公司的一张纸、一度电,我们也必须珍惜。在工作中,只要时刻将“勤俭节约光荣、奢侈浪费可耻”、“为公司节约就是为自己创造利润”放在心中,就一定能够像珍惜自己的财产一样珍惜公司的财产。

第六章　巧用团队合作，为工作锦上添花

中国古代就有“一支箭易折断，一把箭难折断”的说法。对于企业而言，只有拥有一个善于合作的团队，才能够在竞争中站得住脚；对于职场的员工来说，只有学会合作，才能帮助自己不断的前进。

1 团队精神至高无上

一位科学家做了这样一个实验：

他把一盘蚊香点燃后放到蚁巢中，刚开始的时候，蚂蚁十分惊慌。但是没过几分钟，就有蚂蚁冲向火旁，对着点燃的蚊香，喷射自己的蚁酸。因为一只蚂蚁能够射出的蚁酸非常有限，因此，蚂蚁一个个的倒在了火堆旁。然而，蚂蚁并没有因此而感到恐惧，接着便有更多的蚂蚁继续投入到战斗中，它们一个接着一个，几分钟后终于将"大火"扑灭。

过了一段时间，这位科学家又把一支点燃的蜡烛放到了蚁巢中。虽然这一次的"火灾"更为严重，但是蚂蚁吸取了上一次的经验教训，它们迅速的集合在一起，有条不紊的作战，不到一分钟，点燃的蜡烛便被扑灭了。最重要的是，在这一次"火灾"中，并没有一只蚂蚁因此而丧生。

小小的一只蚂蚁，力量非常有限，面对着"熊熊燃烧的大火"不但束手无策，一不小心就会葬身于火海之中；然而当众多的蚂蚁联合起来，他们却能呈现出惊人的力量，创造出了惊人的结果。

同样，对于人来说也一样。每一个人都是一个单纯的个体，他们力量有限，不能很好的完成一件事，即便是勉强完成了，但是质量和效率也是不理想的；相反，如果几个人组成一个团队，大家一同努力协作，就可以借助团队的力量达到目的。在职场中更是如此，每一个公司就是一个大家庭，每一个职员都是其中的一分子。只有当大家通力协作，才能将工作做得更加完美。

在非洲的丛林中，号称丛林之王的狮子却经常处于挨饿的状态下，而丛林中的另一种动物——鬣狗却经常能从狮子口中将食物抢走，这是什么原因造成的呢？

原来，在非洲大草原上的鬣狗也是肉食性动物，他们虽然没有狮子、豹子、老虎等有着强而有力的爪子，甚至就连体形也非常小，但是为了生存，他们经常以“分工合作”和“团队精神”来克服生存上的弱点。

群居的鬣狗总是轮流猎食，部分鬣狗则会自动的留下来保护幼崽。在猎食的时候，它们经常是等到狮子把猎物杀死之后，再以集体的力量将食物从狮子的嘴里抢走。

在企业中，总有一部分人像狮子一样，能力超群、才华横溢，自以为比任何人能力都强，但由于不懂得合作的精神，经常会藐视那些不如自己的同事。他们在工作中不但不会采取同事的建议，甚至都不屑于和同事合作，这样一个不懂团队精神的人注定无法驰骋职场。

在如今的职场中，工作的专业化分工越来越细，竞争也越来越激烈，单单靠一个人是难以将复杂的工作完成的。这时如果拥有团队精神，就可以将自己的能力和他人的能力结合起来，从而创造意想不到的收获。正如一位哲人所说：“我手上有一个苹果，你手上也有一个苹果，两个苹果交换之后，每个人依然有一个苹果。但是，如果我有一种能力，你也有一种能力，两个人交换后，就不仅仅是一种能力了。”

在职场中，一个人有没有团队精神和他的业绩紧密相连。一个人哪怕再优秀，如果不懂得、不会与他人合作，就不能将问题完全的处理好，从而也就无法取得更好的业绩。尤其是对于初涉职场的人来说，领导往往会将一个非常艰巨的任务交给你，上司之所以这么做就是为了考察你的合作精神。面对复杂的工作，如果你选择一声不吭的闷头苦干，最终只有死路一条。

我们每一个人都知道一加一大于二的法则，只要大家能够团结起来，再大的困难也无法阻挡前进的脚步，这就是团结的力量；相反，如果在工作中，坚守个人主义，不和他人合作，势必会被困难打倒，不仅不能取得业绩，还有可能丢失美好的前途。

有个年轻的硕士，刚毕业就应聘到一家公司。上班的第一天，领导就交给其一件非常重要、而且难度颇高的工作——为一家知名企业做一个广告方案。

这位年轻的硕士，看到经理如此器重自己，心里十分高兴，暗暗下定决心一定要将工作做到最好。于是，这位新来的硕士就一头扎进了工作中。为了拿出一个有创意的策划，这位年轻的硕士，冥思苦想了好多天，有时甚至顾不上吃饭，加班加点成了正常现象。

苦苦摸索了半个月，他始终没拿出一个满意的方案。对此，领导语重心长的说："我把这么重要的任务交给你，就是想看看你有没有与人合作的能力，尽管你已经十分优秀了，但是，你更应该记住'没有完美的个人，只有完美的团队'，只有学会与他人合作，才能工作顺利的完成，才能创造出惊人的业绩！"

可见，这位年轻的硕士并不善于合作，宁愿让自己一头扎进工作中，也不愿向身边的同事请教，这样的人即便是能够将工作顺利的完成，也会因此而付出比别人更大的代价。在职场中，只有懂得团队合作精神至高无上的员工才更容易取得成功，才能得到领导的青睐，才能成为企业最受欢迎的员工！

2 没有完美的个人，只有完美的团队

有这样一个故事：

在一次艺术品的拍卖现场中，拍卖师拿出一把小提琴宣布："这把小提琴的拍卖起价为 1 美元。"还没有等拍卖师宣布正式开始，一位老人就走上台去，他二话没说，直接拿起小提琴就开始演奏了起来。

优美的音乐顿时响彻整个会场，在场的所有人都沉浸在美妙的音乐当中。老人演奏完毕，就把小提琴放下了，然后有一言不出的回到了自己的座位上。这时，拍卖师重新宣布了拍卖会的开始，然而这把小提琴的拍卖价已经改为了 1000 美元，待到拍卖正式进行之后，这把小提琴的价格不断地上涨，从 2000 美

元、3000 美元、5000 美元、到 8000 美元，最终这把小提琴以 10000 美元的价格拍卖掉。

看到这里，相信很多人都会纳闷：为什么最初的时候，小提琴的拍卖价仅为 1 美元，而到最后居然以 10000 美元的价格被买走？究竟什么力量可以造就如此大的差距呢？答案非常简单，这就是协作的力量，如果没有老人的演奏，小提琴也不可能实现如此大的升值。

同样的一个道理，对于一个公司来说，如果只是强调个人的力量，即便是表现的再完美，也很难创造出很高的价值，只有当大家团结协力，才能将价值发挥到极致。

正如佛祖释迦牟尼所问："一滴水怎样才能不干涸？"弟子没人能够回答的出来，最后佛祖告诉大家："把它放到大海里去。"一个人再完美，终究不过是一滴水，只能泛起美丽的浪花，终究无法波涛汹涌。只有将一滴水放入到大海中，才能形成气势，才能有惊涛拍岸的景象。

在职场中，个人之于团队，犹如一滴水之于大海。任何一个职工即便是拥有过人的能力，当其面对繁杂的工作时，也会力不从心，也无法取得优异的成绩。而当所有的人都联合起来的时候，就可以把无数的力量聚集在一起，就能够迸发出惊人的力量，从而战胜各种困难。因此，在职场中，没有完美的个人，只有完美的团队。只有将个人彻底的融入到团队中，才能在团队的发展中实现自身的发展。

在悉尼奥运会上，中国女排志在夺冠。正当大家期待的时候，中国女排的第一主力赵蕊蕊在第一场比赛中腿伤复发，无法再上场比赛了。

当意大利排协技术专家卡尔罗·里西先生知道这一消息后，他认为中国队在奥运会上的成败很大程度上都取决于赵蕊蕊，这样一来，中国队夺冠的希望就不大了。对此，很多媒体也惊呼：中国女排的网上"长城"坍塌了。

面对外界的压力，中国女排只好一场一场的去拼，在小组赛中，中国队还输给了古巴队。这时，不单单是外国人，就连很多中国人也不抱希望了。

然而,中国女排仍然顶着一层层的巨大压力,硬是冲到了最后的关头。在中国队和俄罗斯队争夺冠军的时候,身高仅1.82的张越红一记重扣穿越了2.02米的加莫娃的头顶,砸在地板上。就在这时,这场历时2小时零19分钟的巅峰对决结束了,中国女排再次摘得金牌。

在激动之余,我们能否想到中国队凭什么战胜了那些世界强队?中国队失去了强有力的队员之后,又何以摘下世界冠军的金牌呢?对此,陈忠和说:"我们没有绝对的实力去战胜对手,只能依靠团队精神,靠拼搏精神去赢得胜利。用两个字来概括队员们能够反败为胜的原因,那就是忘我。"

一个公司也是这样,独行侠的时代已经一去不复返了,无论你从事何种职业,何种工作环境,只有拥有完美的团队,才能够取得巨大的胜利。或许在企业的初期,公司的发展可能会依靠优秀的老板和员工的努力,但是随着公司的发展,如果决策还只是依靠个别人,优秀的人不能融入到团队中,整个公司就会面临"干涸"的局面。

一个人,无论你有多么的优秀,即使你能够一手撑起一个公司,但你也不可能一直单打独斗。更何况"人无完人",每一个人都有自己不足的地方,每一个人的精力也都是有限的。因此,只有依靠团队合作,发挥团队的力量,才能够实现企业的发展、个人的发展。

在一家跨国公司的招聘现场中,9名面试者从中脱颖而出。老总看过这9个人的详细资料,可以说这9个人都是百里挑一的优秀人才。然而公司只能录用3个人。因此,老总给大家出了最后一道题:将这9个人随意的分成3组,第一组的3个成员去调查本市婴儿用品市场;第二组中的3个人去调查妇女用品市场;第三组中的3个人去调查老年人的用品市场。

临出发之前,老总对他们说:"我们现在招聘的人是用来开发市场的,因此,我要看看你们对市场的观察力,希望你们每一个人都能够全力以赴。为了避免你们盲目开展调查,我已经让秘书准备了一份相关行业的资料,走的时候自己先到秘书那里取一下。”

两天之后,三个小组的人都回来了。他们将自己的调查报告交给老总,老总一一过目之后,直接走到第三小组的3个人面前,面带笑容的和他们一一握手,并说道:“恭喜3位,你们被录取了。”

其他两个小组的6个人疑惑的看着老总,老总解释道:“我让你们每个小组去调查一个问题,但是每个小组中每个人的问题又是不一样的。比如说,你们调查婴儿用品市场的那一组,你们三个人中,一个是过去、一个是现在,还有一个是将来。但是你们几个人都是各顾各自的事情。而第三组的成员则是相互参考了对方的资料,补充了报告中的不足,因此,他们的报告是最完美的。”

显而易见,老总之所以会出这样的问题,无非就是想锻炼一下他们的团队合作意识。如果一个人抛开团体,自己去做自己的事情,即便是做得再完美,也有不足之处。而只有当大家团结合作时,才能够将工作做得更加完美!

3 帮助别人就是帮助自己

有这么一则寓言故事:

老鼠透过墙上的洞,看见农夫正在房间里把玩一个捕鼠器,不由得吃了一惊。于是它就跑到院子当中,大声的喊道:“这间房子里有一个捕鼠器!”

母鸡头也不抬地说:“捕鼠器是用来对付你们的,和我们没有一点儿关系,这个不关我们的事。”母猪听到了,同样冷漠的说:“这个是用来对付你的,你自己小心点吧,我不管。”牛也没抬头,一边吃草一边说:“这个也不是用来对付我的。”

这天晚上,屋子里的捕鼠器发出了响声,农夫的妻子过来检查,原来是一条蛇被夹住了尾巴,正当农夫要上前看个究竟的时候,妻子被毒蛇咬了一口。农夫看到妻子被咬伤之后,就赶忙将妻子送到大夫家里,大夫给开了点药就回家了。

到家之后,妻子一直高烧不退,身体非常虚弱。于是农夫就将母鸡杀了,给妻子熬了一碗新鲜的鸡汤,但是妻子喝完之后仍然不见好转,很多亲戚、邻居前来探望,为了款待大家,农夫又把猪给杀了。然而过了很久,妻子的病情不但没有得到好转,反而恶化不治身亡了,许多人来参加妻子的葬礼,结果这一次,牛成了大家的盘中餐。

看似很搞笑的一个寓言故事却告诉了我们一个深刻的道理:帮助别人就是帮助自己。在现实职场中,我们经常能够听到这样的论调“这件事和我没关系”、“事不关己、高高挂起”……这样的人就好比是故事中的那些漠不关心别人的动物,凡事只从自己的角度出发,不愿意帮助别人,到最后却伤到了自己的利益。

常言道,“赠人玫瑰,留守余香”、“得道者多助,失道寡助”、“助人者,人助之”。自古以来我国就有助人为乐的传统美德。在职场中更是如此,只有积极主动的帮助别人,才能够建立良好的人脉关系,才能够成就自己的口碑,才能在自己遇到困难的时候得到更多人的帮助。众所周知,在职场工作中,很多工作是需要大家一同完成的,只有大家彼此相互协调,才能将工作做得更加完美。然而在很多时候,有些员工往往只偏重于自身所做的那一部分工作,专注自己的利益,而对其他人的工作漠不关心,更不用说他人或者团队的整体利益了。

苏红毕业之后在一家广告公司就职,她主要负责广告的策划方案。一次,经理交给苏红和另外一个同事一个重要的任务,让他们两个人帮着一家知名啤酒做广告策划。

在这项工作中,苏红负责广告的策划方案,另外一个同事则主要负责广告中的图片设计。接到工作之后,苏红就马不停蹄的展开了工作,为了提出一套最佳的方案,苏红经常是加班加点,有时甚至熬夜到很晚。功夫不负有心人,两周之后,苏红终于拿出了一套较为满意的企划方案。

做完自己的工作之后，苏红特别有成就感，满以为会得到合作方的大力赞扬。有一天上班的时候，苏红正在悠闲的喝茶，老板走过来问道："你们那套方案做的怎么样了？"苏红回答道："我的那一部分工作做完了。""你怎么不去帮帮和你合作的同事呢？你们两个是一体的。"经理又问道。"可那又不是我的工作啊"……

苏红一副满不在乎的样子，过了两天，那位同事来找她，说为了达到更好的效果，希望商量着将企划方案的个别部分再修改一下。苏红非常生气地说道："我的企划方案已经是最完美的了，你的图片是你的事，和我无关！"

当他们将完成的工作交给经理之后，经理看了看就给驳回来了，说是不够完美。这时苏红才认识到自己的错误，回来之后又重新积极地投入到两个人的合作中。

在现代职场中，很多人都只是闷头做自己的事情，认为他人和自己无关。这些信奉个人主义的职业人士，在工作中不但没有团队意识，更不会从集体的利益出发，也不会主动帮助别人，这样的员工在职场中注定不会拥有任何成就，也不会得到老板的重用。

刘毅是一家公司的网络管理员，他在工作中表现非常突出，技术能力得到了大家的认可。无论什么时候，刘毅都能够按计划，并且保质保量的将工作完成。即便是非常棘手的问题，在刘毅面前也是小菜一碟。

于是，公司有意提拔刘毅为创意部的主管。于是公司就在暗地中对刘毅进行考察。在考察中公司发现，刘毅只关心自己的工作，除了完成自己的项目之外，从来没有关心过其他同事的事情，即便是别人请教他，他也很少为别人指导……

经过一段时间的观察，公司觉得刘毅是一个不会帮助别人的员工，这样的人是不能够胜任主管的。

原本是一个出色的职工，仅仅因为自己在工作中不会帮助别人，最终也得到了惩罚。在工作中，不论一个人的能力有多么大，都不应该忘记工作的团队，那些只考虑到自己利益、不顾其他同事利益的人注定要成为职场中的失败者。

在工作中，不论是两个人相互合作工作的时候，还是其他的时候，每个人都会遇到各种各样的困难。只有我们及时伸出热情的双手，才能够收获到意想不到的结果。

4 懂得合作，才最受企业的青睐

在当前职场中，很多人都信奉个人主义。他们普遍认为凭着自己的力量就可以在职场中纵横，团队对于他们来说，是可有可无的。甚至更有的人认为，团队会束缚个人的发展，成为自己发展的绊脚石。

这种没有团队意识、只顾开拓自己成功之道的职场人士，不但难以实现自己心中的抱负，而且都没有资格成为合格的员工。正如一位企业家所言："现代的年轻人在职场中普遍表现出来的自负与自傲，使他们在融入工作环境方面显得极为缓慢和困难。他们缺乏合作精神，项目都是自己做，不愿意和同事一起做，当同事有了困难也不愿意伸出自己的双手，这样的人对公司而言，是没有一点用处的。"

在如今一个个性张扬的时代，很多企业的老板越来越重视具有合作意识、能够帮助别人的员工了。一位老板在招聘的时候曾经说过："我们现在最需要的不仅仅是尖端的高科技人才，更重要的是一种具有合作意识、能够帮助别人的好员工，这样的员工才能尽快地将自己融入到公司中，才能为公司提高工作的士气。"

小李和小王是刚从技术部门提拔到管理阶层的两位年轻人，自从当上了管理者之后，两个人有了明显的变化。

小李当上管理者之后，深感责任重大，觉得在技术日新月异的今天，必须加倍努力改善部门中的许多技术问题。于是，小李每天下班之后都刻苦学习相关的知识、钻研技术文件、加班加点解决公司的技术问题。在这段时间里，小李一直认为，只要自己的能力提高了，所有的问题就可以迎刃而解了，并且还能够向属下证明自己的实力。

面对同样的状况，小王则不同。小王虽然也已经认识到了技术的重要性、自己的部门存在的问题以及自己的不足，他同样花了很多时间学习相关的知识。但是每当遇到大的问题的时候，小王总是将部门中的技术人员找到一起，让大家在一起想办法。除此之外，小王在工作的时候，还能积极的协调其他部门之间的关系。三个月之后，在两个人的努力之下，技术部门的工作得到了改善。可以说两个人都有功劳，但是小王的贡献似乎更大一些。半年之后，小李发现自己面临的问题越来越多，自己也因此变得越来越忙，并且下属还对他非常不满意，为此，小李的工作已经很难进行下去了；而小王则正好相反，不但工作进展的顺利，就连所有的下属也都非常积极、默契的配合小王的工作。一年之后，小王的工作能力急剧上升，得到了领导的重用，被提拔为公司的副总经理。

同样优秀的两个人，仅仅因为小王懂得合作，善于运用团队的力量，就轻而易举地取得了成功。在当前职场中，不论你的能力如何超强，如果没有团队精神，不懂得与他们合作，最终只能走向失败。

纵观当前的职场发展，企业不单单需要一个个独立作战的大英雄，更多的是那些能够与他人合作的无名小卒。尤其是在当前，随着企业规模日益庞大，企业内部分工也越来越精细，任何一个人，不论有多么的优秀，都无法仅仅依靠自己的力量来推动企业的发展。

然而，在企业中我们经常会发现这样的员工：他们为了自身的利益，常常不顾团体的发展，工作的时候只是一味的想着自己，不会帮助同事进步等，这样的员工不仅得不到领导的青睐，最终还会损害到自己的利益。

小乔毕业于某知名大学，毕业之后到一家单位做技术工程师，由于小乔在学校专业技术学得非常好，在试用期中脱颖而出，深得经理的喜爱。三个月后，小乔成为公司的正式员工。

小乔的确是一个出色的人才，过硬的技术得到了所有人的认可，每次分配的任务他都完成的非常漂亮。不仅如此，即便是再复杂的工作，到了他的手里也就成为小菜一碟了。经理看到小乔的表现，十分满意，有意要重用这个小伙子。

然而在接下来的日子中，经理逐渐改变了以往的看法。原来是这样的：经理看到小乔的表现之后，就十分注意小乔的工作。再一次偶然之中，经理发现小乔将一件难度非常大的工作完成之后，有个同事过来向他请教，而小乔则是支支吾吾的走开了。看到这一切之后，经理非常吃惊。

此后，经理发现小乔并不像原先想象的那么完美。他不但对自己的技术保密，甚至当同事有了困难，小乔也不会主动帮忙，公司一举办什么团队活动的时候，小乔不是找借口拒绝就是单独行动。

发现了小乔的行为之后，经理大为震惊，于是就将小乔找来进行谈话。孰料，小乔不但没有认识到自己的错误，反而振振有词，说什么团队只会束缚自己的发展，并且自己不依靠团队也能将工作做得很好。

此后小乔一如既往的工作，半年之后，小乔渐渐的觉得工作有些力不从心了。一年之后，小乔惭愧地离开了公司。

明明是一个优秀的员工，拥有高人一等的能力，却唯独不懂得团队合作的道理。一个人无论有多么的强大，终究只是一滴水，只有将自己融入大海中，才不会枯竭，才能掀起惊涛骇浪。在职场中，一个人只有融入到团队中，融入到公司中，才能更好的发挥自己的才能，才能创造出更大的价值，才能受到企业的青睐。

正如智联招聘的首席执行官刘浩所说：“任何一个员工，取得业绩的大小和他所处的集体有着密切的关系。也就是说，他的成功离不开集体每一个人的配合、支持和协作。因此，公司在提升某个员工的时候，除了要参考他的综合能力和业绩之外，还要参考他在团队中所发挥的作用，看他是否能为企业的整体利益来有效的协调、沟通其他部门,或是帮助同事积极的发挥自身的特长,以保证公司和个人利益的最大化。"

5　抛弃个人"英雄主义"

在电影中,我们经常会看到以表现个人英雄主义思想为主题的作品,常常是一个人就可以打赢一个部队的对手,只要英雄将手枪指向谁,谁就会毙命;即使英雄偶尔身负重伤,也能继续作战,丝毫不受任何影响。然而这样的事情只存在于电影或者小说中,在现实中是不存在的。

尤其是对于职场人士来说,面对分工日益精细、技术管理日益复杂化的情况,个人的力量和智慧都已经变得苍白无力。作为一个个体,即便是拥有过人的智慧和能力,也很难创造出令人满意的结果。相反,只有依靠团队,才能够借助团队的力量克服眼前的困难,取得成功。

然而在现实的职场中,很多员工却都信仰个人英雄主义,他们片面的认为凭借自己的力量就可以在职场中纵横,取得令人瞩目的业绩。然而往往事与愿违,这些信奉个人英雄主义的职场人士,往往被现实中存在的困难打得一败涂地,辉煌的业绩更是无从谈起。

王峰是一家营销公司的营销员,他所在的部门曾经因为十分具有团队精神而创造过奇迹,并且部门中的每一个人的业务成绩都非常棒。然而,当王峰进入公司之后,一切合作的气氛都被搞坏了,更严重的是业务都无法开展。

原来事情是这样的,王峰从小就崇拜个人英雄主义,凡事特别爱显摆自己。当他进入公司工作之后,依然没有改变自己的做法。有一次,公司的高层将一项十分重要的项目给了王峰所在的部门,领导一再强调:"你们一定要好好商量一下,拿出一套切实可行的方案。"

王峰所在部门的主管接到这个任务之后，迅速召开了部门会议。在会议上，大家畅所欲言，每个人都提出了自己的想法，但由于事关重大，主管一时之间也难以决定谁的方案好。就在此时，王峰认为主管是多此一举，并觉得自己的方案已经是非常完美了。于是，为了表现自己的能力，王峰没有和主管商量，便拿着自己的方案去找经理了。在经理面前，王峰直言不讳的说："我愿意承担这项任务，这是我做的方案，我对这个方案有十足的把握。"

王峰的这种做法，不但伤害了主管，也破坏了整个团队的合作氛围。结果，当经理让王峰和主管共同操作这个项目的时候，两个人在方案上有了很大的分歧，无法进行，最终导致项目"流产"了。

作为一个职业人士，只有摒弃"独行侠"的思想，把自己融入到团队中，在团队中扮演好自己的角色，才能取得成功。否则，任何一个人，如果只工作不合作，一头扎进自己的专业中，不愿意和同事进行交流，想依靠自己的单打独斗把自己的事业推到顶峰是不可能的。

经过两个月的繁忙期，新上任的经理张杰再也坚持不住了，虽然刚刚给自己灌了一杯浓浓的咖啡，但丝毫不起任何作用，脑袋依然轻飘飘的，没有一点精神。

无奈之下，张杰只好向老板请了两天病假，当刚刚把病假申请交给老板的时候，老板就开始发问了"那个宣传单、网页什么时候做出来，那个项目计划什么时候可以提交……"，一系列的任务像泰山一样重重的压在了张杰的身上。可以说，张杰这一段时间工作异常繁忙，加班更是家常便饭，这两个月中，张杰每天都是第一个进办公室，最后一个离开。

张杰之所以会出现这种困境，都是自己"惹祸上身"。不可否认，张杰是非常有才能，很多麻烦的工作，在张杰的手中都可以轻而易举的得到解决。最初刚进公司的时候，张杰非常积极主动，做事有魄力，而且敢于承担，很快就赢得了老板的重用。但是后来，张杰为了显示自己的能力，经常大包大揽，甚至那些原本不属于自己的工作，张杰也开始参与，并且指手画脚。

张杰的个人英雄主义越来越重，把很多事情都揽在自己的身上，希望获得老板的好感。殊不知在他显摆自己的同时，很多同事都开始对张杰不满，都觉得张杰爱出风头，不愿意与别人合作。

最初的时候，张杰还可以通过加班等方法将工作做好，慢慢的张杰发现自己的精力越来越不行，工作的效率也越来越低，以往半天就能干完的活现在经常需要一天。因而他的工作也越积越多。两个月下来，由于张杰的工作迟迟不能完成，影响了公司发展的进度，从而招致了老板的不满。

在职场中，任何一个人都无法做到完美，不论自己有多大的能力，在巨大、复杂的工作面前都是渺小的，单凭一个人的努力是无法促进公司的发展的。正如文中的张杰，虽然自己能力超群，就是因为太注重个人英雄主义，不懂得与他人合作，最终不但导致自己精力受损，还给公司造成了巨大的影响，破坏了老板对他的美好印象，真可谓是得不偿失。

在如今社会中，所有的老板都不喜欢“独行侠”的员工，正如一位人事部经理所言：“在当前社会中，很多年轻人过于自负和自傲，他们没有团队精神，喜欢自己单打独斗。每一个人都会有不一样的结果，而这对公司都是没有任何意义的。公司真正需要的是那些懂得合作，能够在团队中找到自己的位置，从而扮演好自己的角色，保证团队顺利前进的员工！”

6 沟通是团队合作的前提

在人与人交往的过程中，沟通起着举足轻重的作用。尤其是在当前的职场合作中，无论是员工与员工之间，还是员工和上司之间都需要良好的沟通。

提到团队合作，"默契"两个字就会不自觉地映入大家的脑海中。的确是这样，有默契的团队才是最棒的，那么默契又来自何方呢？这就是沟通的力量了。我们知道，一个团队仅有少说多做是不够的，只有进行充分的沟通，在沟通的基础上明确各自的任务和职责，然后才能分工合作，才能把大家的力量形成合力；相反，如果大家不懂得沟通，只会各自走自己的路，就永远也不会出现效益。

沟通是一座桥梁，能够使老板和员工之间、员工与员工之间变得更有默契，从而保证团队合作的顺利进行。比尔·盖茨认为，沟通是人类必不可缺少的精神需要，通过彼此之间的沟通，可以增加人与人之间的感情，而工作中的有效沟通，更是树立团队精神的必要条件。如果一个公司的员工在沟通中存在障碍，而且又不能及时地将其排除，最终必将会影响工作效率，影响到公司和个人的前途发展。

王菲菲在一家文化公司做策划工作。她拥有博士学位，因此一踏入公司的大门，王菲菲就感到众人钦佩的目光，为此，王菲菲非常得意。

在工作中，王菲菲的确是一个不可多得的人才，创意非常好，然而唯一的不足之处就是处理不好和同事、领导之间的关系，在工作中无法合作。

进入公司之后，王菲菲经常觉得自己是博士出身，自视清高，常常对同事的方案不屑一顾，甚至老板提出的方案，她也颇有微词。每次当她发现同事或者领导提出的方案有什么不足之处的时候，她从来不当面说，总是在背后嘀嘀咕咕。

为此，很多同事也都不愿意和王菲菲一起工作。没过多久，经理就发现了这一情况。于是，王菲菲被经理请到了办公室谈话。"在工作中，每一个人都有不足之处，每一个人的创意都不可能是完美的，这就需要我们大家一同努力，看到有什么不足的地方，我们就应该坦诚的指出来，然后大家一同解决，直到做出更好的创意。”经理委婉的告诉王菲菲以后对工作有问题不妨直言。

然而，王菲菲还是支支吾吾、躲躲闪闪，说大家的创意已经很完美了。经理终于非常生气地说道：“我请你来是做高参的，而不是让你做好好先生。”

纵然是得到了经理的批评，但是王菲菲并没有学会更好的沟通，一如既往的在背后嘀咕。时间一长，王菲菲成了工作中的“独行侠”，尽管自己拥有高学历，但是她的工作越来越不尽人意。看着身边不如自己的同事，一个个都得到了提拔，王菲菲更加疑惑。

在工作中，我们身边经常会有这样的人，明明自身的能力非常强，但由于不会沟通，无法与他人合作，最终也无法取得更好的业绩，得不到领导的重用。因此，在职场中，只有学会沟通，才能更好的协调各种关系，才能避免一些摩擦、矛盾、冲突和误解，才能保证工作的顺利完成。

对于一个职场人士来说，他能否在工作中取得业绩，关键在于他有没有与人沟通的能力。只有具有了沟通力才能借助团队实现自我价值。那么，如何才能提高职场人士的沟通能力呢？

在一次宴会结束之后，一个国王问其他在坐的友邦国王：“你们说，世界上最难的是什么？”其中一个已经有七分醉意的国王站起来说：“世界上说话最难。”

显而易见，这位国王隐含的意思是，说话难，尤其是和大臣们说话更难。的确是这样，在一个团队中，语言是有效沟通的最佳利器。对此，比尔·盖茨也曾说：“沟通是我们运用语言等方法从事意识领域到行为模式上与他人做有效的交流能力。它能够帮助我们建立广泛的人际关系网络，也会使我们成为孤家寡人；它能决定我们获得的力量是推动力还是阻力……”

因此，身为团队的一分子，在说话的时候一定要讲究技巧，千万不可随心所欲的讲话；凡事都要经过认真考虑，切不可反反复复的来回变动，从而让同事为难；更不可在背后对他人评头论足……

小春是一家公司的职员。最近这家公司由于诸多的原因，要进行一次人员调动。主管来到小春面前说"把手头的工作先放一放，公司安排你去销售部，那里最近非常缺少人手，你有意见吗？""我没意见，我听从公司的安排。"小春不屑地张了张嘴。

表面上来看，小春非常服从公司的安排，但是实际上小春却非常恼火，她一直以为销售部是一个非常不好的部门。于是她在私底下对其他的同事说："这一次人事调动，把我调到了销售部，肯定是主管搞的鬼，他看见我工作出色就嫉妒我，怕我抢了他的位置。"

抱着这样的心态，小春来到了销售部报到。到销售部工作之后，小春没有一点激情，每天都一脸阴沉，对所有的同事都是爱搭不理的。不但如此，而且变本加厉的说以前主管的坏话。时间一长，同事们都觉得小春这个人人品不好，大家渐渐地疏远了她。

后来，事情传到了以前主管的耳朵里，主管把小春请到办公室说："我本来觉得你工作表现不错，只是待人处世方面有很多欠缺，所以想让你去销售部锻炼一下，然后再重用你。可是没想到，你有意见不和我沟通，反而在背后对人评头论足。我只能对你说声'对不起'了，这样的员工我们不再需要了。"

在团队工作中，无论是对上司，还是同事，都必须学会沟通，切不可在背后对人妄加批评，即便是你在业务上、技术上无人能比，但如果有这种习惯，也会影响你在同事中的地位，从而影响合作。因此，在团队工作中，每一个员工都必须学会用心去沟通，掌握说话的分寸，从而提升整个团队的合作。

第七章　带着思想工作，做创新型的好员工

古希腊的佛里几亚国王葛第士在战车上打了一连串的结，并预言道："谁能解开这个结，谁就可以征服亚洲。"直到亚历山大挥军进入小亚细亚的时候，也没有人将那个结解开，于是亚历山大毫不犹豫的拔出剑砍断了绳结。后来，亚历山大一举占领了波斯帝国，实现了葛第士的预言。同时，我们也看到了亚历山大敢于舍弃传统思想，大胆创新的一面。

1 做一个“动脑型”员工

曾经有一位公司的老板说过：“我们的工作，并不是要你去拼体力，而是需要你带着大脑来上班。”的确是这样，在当前社会，老板对于员工的考核已经不仅仅局限于专业技能的优劣，他们更多注意的是员工是否具有勤于思考、善于分析问题、提出新的解决方法等。

作为一个现代型的新员工，如果还只是抱着坚守本职工作岗位的态度、因循守旧，不但难以成为公司中最优秀的员工，还有可能被企业淘汰。相反，只有勤于思考，善于动脑分析问题和解决问题的员工，才能够在工作中随机应变，才能提出更多创新性的意见。也只有这样的员工，才能受到企业的欢迎，并且得到更好的发展。

国内某著名电器公司要招聘一名高级女职员，来参加应聘的人非常多。经过重重筛选，张莉、陈娇和张薇三位女士脱颖而出，成为进入最后阶段的候选人。

这三个人都是名牌大学的高材生，条件不相上下。然而现实非常残酷，必须在三个人当中选一个。于是这三个人为了能够打败竞争对手，都在小心翼翼的做准备。

第三天早上，三个人准时到了公司的人事部。人事部长拿出三套事先准备好的白色制服和精致的黑色公文包，说：“三位小姐，请你们换上公司的制服，拿着公文包到总经理办公室参加面试。这是你们的最后一次考试，考试的结果决定你们究竟是去还是留。”三个人每人拿了一套制服到更衣室将衣服换上，又回到了人事部，人事部长看见他们都换完衣服了，接着说：“我还有一件事要提醒你们，总经理是一个非常注重仪表的人，而你们所穿的制服都有一个小黑点。毫无疑问，这个小黑点就是你们的考题，你们自己想办法，10 分钟之后着装整洁的出现在总经理办公室。现在你们可以准备了,10分钟之后你们必须准时赶到总经理办公室。”

于是,三个人马上开始行动。看着制服上的小黑点,张莉用手指反复的去揩拭,结果污点越弄越大,白色制服被弄得惨不忍睹了。她特别紧张,然后抱着最后一点儿希望找到了人事部长,“您能不能再给我换一套制服啊?”“不能,绝对不可以,而且我认为你已经没有必要去总经理办公室面试了。”人事部长歉意的说。张莉最终遗憾地离开了公司。

与此同时,陈娇快速地来到洗手间,她希望可以用清水将那个小黑点洗掉。很快,小黑点没有了,但同时也带来了新的麻烦,制服上湿了好大一片。陈娇本想用烘干机将其烘干,孰料时间已经等不及了。陈娇顾不得将衣服烘干,就匆匆忙忙地跑到了总经理办公室。

当她到达总经理办公室门前的时候,陈娇特意看了一眼自己的制服,虽然还没有完全干,但似乎也不是特别明显。正当她敲门进去的时候,她发现张薇过来了,而张薇制服上那个小黑点依旧没有动。于是,陈娇踏实地走进了总经理办公室。

当她们二人带着公文包走进总经理办公室后,经理上下打量了她们二人一会儿。然后总经理慢慢地开口道:“陈娇,你制服上有块地方被水浸湿了,是清洗那块污渍所导致的吧?”陈娇疑惑地点了点头,接着就听到总经理宣布:“在今天的考试中,张薇小姐获得了胜利,成为我们公司中的一员。”

陈娇非常迷惑地说道:“总经理先生,这样是不是不太公平啊?人事部长说您是一位见不得污点的先生,但是张薇小姐制服上的污点仍然存在啊。“

“事实确定这样,但是问题的关键是张薇小姐并没有让我发现她制服上的污点,她巧妙地利用了我们给你们配置的道具——黑色公文包,从她走进我的办公室,就将黑色的公文包优雅的放在了胸前，从而遮挡住了那个黑色的污点。”

“可是我既清除了黑色的污点，还准时达到了你的办公室啊，我觉得我也没有失败。而张薇小姐只不过是用了一点小聪明，用黑色的公文包巧妙地遮住了污点而已。”陈娇还想争辩什么，但是总经理果断地打断了她：“虽然你把问题解决了，但是你没有充分利用我们给你提供的资源，并且在处理事情上，你非常慌张，根本没有时间将衣服烘干，而且你还把我们提供给你的工具给忘在了洗手间。但是张薇小姐却正好相反，她利用手中的条件，将问题从容而漂亮的解决了。因此，我们决定留下张薇小姐。”

的确是这样，在现代企业招聘中，老板越来越重视那些有头脑的员工。在考核的时候，他们不仅仅要考察你相关专业的能力，更多的是看你的思维方式如何，是不是一个带着大脑去工作的“智慧型”员工。

在当前职场中，是否具有思考能力、是否带着大脑去工作已经成为优秀员工和平凡员工的分水岭。平凡的员工在工作中都有一种惰性，喜欢按照固定的模式生活、工作，他们一切都按部就班、因循守旧，这样的员工，通常都是碌碌无为，即便是自己付出了最大的努力，却难以得到相应的回报；而那些具有智慧型的员工，他们能够带着思想去工作，在工作中积极开动脑筋，尽量找到解决问题的最佳方法。这样的员工，往往能够战胜那些因循守旧的员工，从而在职场中脱颖而出，成为最优秀的员工。

正如搜狐首席执行官张朝阳所言：“会动脑筋思考的人，总能把握住问题的关键，并能够解决它，通常在工作上能高效的完成任务。由于比别人更快，所以他们更容易在竞争中脱颖而出。”

2 突破常规，不做经验的奴隶

北京某大学的一位教授在给大家讲授企业的可持续发展战略的时候，出了一道这样的思考题目：“在很远的地方发现了金矿，为了能够得到黄金，人们蜂拥而去。但是在去的途中，被一条大河拦住了去路，你们会怎么办？”

顿时，全体学生进入了讨论中，有人说游过去，也有人说绕道走……

大家争论不休，但是教授始终笑而不语。

过了很久，教授才慢慢地说道：“为什么非要去淘金啊，为什么不可以买一条船搞营运，接送那些淘金的人呢？这样同样可以发财致富啊？前去淘金的人们，为了前面的金矿，即便是再贵的船票他也会心甘情愿的上船。”

无独有偶，在美国的哈佛大学，彼得·林奇教授也给学生出过这么一道思考题：一个聋哑人到五金店去买钉子，然后他将左手做持钉状，用两根手指模仿放在了柜台上，然后用右手做锤打状。看完了聋哑人的手势，售货员给了他一把锤子。聋哑人摇摇头，指了指手指，售货员就把钉子拿给他了。这时又来了一位盲顾客……

“那么，同学们想一下，盲顾客怎么才能用最简单的方法买到一把剪子呢？”教授问道。学生们经过激烈的讨论之后，有一位同学站了起来：“很简单，只要他伸出两个手指头模仿剪布就可以了。”这一回答得到很多同学的赞同。

过了一会儿，教授继续说道：“其实盲人只需要用口说一声就可以了。”

教授的一句话使大家茅塞顿开，在生活中，我们经常会被前面已有的固定思维束缚。在工作中也是如此，我们经常会遇到很多为难的事情，但是在解决的时候，一般的人往往会被常规思维束缚住，不自觉地按照以前的经验去做，这样一来就很难取得更大的突破；而那些优秀的员工则恰恰相反，他们敢于摆脱以往经验的束缚，敢用一种新的思维去解决、思考问题，从而找到最佳的解决方法。

但是在职场中，很多员工却不愿意开动脑筋，寻找新的解决方法。这主要是由于人们已经习惯于常规的思考方法，如果遇到同类的问题时，采用常规的思考方法就可以省去很多摸索和试探的步骤了，这样就可以少走弯路，从而能够缩短思考时间，节省精力，还可以提高成功率。殊不知当人们的思维固定在同一个模式当中，就无法发挥人的主观能动性，就永远没有创新。再者，世界万事万物都处在一个不断变化的过程中，如果一直照原来的方法去处理问题，无论是企业家，还是员工，都难以逃脱失败的命运。

小安是一家学校的图书管理员。有一次，学校图书馆的自来水设备出了故障，不一会儿，水就溢了很高，挨着地面的那一层书架上的图书都浸泡在水中了。

为了挽救被水浸泡的图书，大家纷纷展开了讨论，很多人直接提出了一般的干书方法，但是这样一来，就会毁掉许多珍贵的图书。这时小安突然想到除去罐头中多余水分的方法，主要是采用低温存放和真空干燥的手段。如果能够将这些珍贵的图书当成水果一样处理，在同样的条件下，会不会既蒸干了水分，又使图书完好无缺呢？

于是她就将这一方法告诉了馆长，馆长觉得这个建议不错，就建议大家采用小安的方法。接着大家将被水浸湿的图书放到了冰箱中冷冻，然后再放入真空干燥箱中。经过几天的奋战，奇迹终于出现了，湿漉漉的书不但变得干燥了，而且还完好无缺。

在一般情况下，人们总是习惯用常规的思考模式。正如一位心理学家所说："只会使用锤子的人，总是把一切问题都看成是钉子。"一个员工，如果被常规的思维束缚住了，一天到晚，无论遇到什么事情都会不由自主地跳入那个常规圈子。

规则尽管很重要，可是如果我们总用常规的眼光来看待问题，就会被以往的经验束缚住，从而永远也无法达到新的高峰。

一家建筑公司在为一栋新开发的楼盘安装电线，一切都进行得十分顺利，然而有一个地方却让技术熟练的建筑公司的员工皱起了眉头。那就是他们要将电线穿过一条 20 米长，但直径却只有3厘米的管道中，而且管道早已经被砌在了砖石里，并且还拐了五个弯儿。

这是他们从来没有遇到过的情况，因此众人一下子感到束手无策。后来一位爱动脑筋的装修工终于想出了一个好办法：那就是他从市场上买来了两只白鼠，一公一母。然后它将一根电线绑在公鼠身上，并把它放在管子的一端。然后再把母鼠放到管子的另一端，并轻轻地捏它，让其发出吱吱的叫声。公老鼠听到母鼠的叫声之后，便沿着管子跑去找它。在公鼠跑的同时，那根电线也被拖到了管子的另一头。

就这样，很快就将电线接好了。为此，那个爱动脑筋的装修工得到老板和同事的喜欢和嘉奖。

可见，只有打破常规，冲破以往经验的束缚，就一定能够找到合理的解决问题的方法。在今天的职场中，敢于打破常规、寻找新方法的员工已经成为老板最需要的人才。同样也只有敢于打破常规的员工，才能取得更大的成绩，实现自己的事业梦想。

因此，每一个员工在工作的时候，都要试着去跳出传统经验的束缚，尽量跳出固定思维的模式，极力去寻找常规之外的东西。在工作遇到难题的时候，不要将以前的方法拿来照用，最好想一想还有没有别的办法，只要能够摆脱经验的束缚，具备了创新意识和能力，就一定能够掌握成功的钥匙！

3 永远都有新方法

众所周知，每一个人都有无尽的潜能，只要我们勇于开发，就会发现原来办法也是无穷无尽的。对于任何难题，永远没有标准答案。

一般来说，每一个职场人士在工作中都会遇到各种各样的困难。面对困难，积极的员工会开动脑筋，积极的思考问题，从而找出各种各样的新方法；相反，平凡的员工则会被困难吓倒，他们通常认为，面对困难已经无路可走。

很早的时候，我们就听到过这样一个故事：

一位商人在谈到卖豆子的时候说到：如果豆子销路很好，就可以直接将豆子卖掉，直接赚到利润；如果豆子滞销了，那就可以用这三种方法来处理：

第一，让豆子沤成豆瓣酱。如果豆瓣酱依然卖不动，那就腌了，改卖豆豉；如果豆豉还是卖不动，那就再在里面加水，让其发酵，最后让其变成酱油。

第二，将豆子做成豆腐。如果豆腐不小心做得太硬了，就当做豆腐干来卖；如果是做的稀了，就改卖豆腐花；如果实在是太稀了，就卖豆浆好了；当然如果做的豆腐还是卖不出去，那就不妨将其放几天，改卖臭豆腐；如果臭豆腐依然滞销，就让它长毛，彻底腐烂后，变成腐乳来卖。

第三，就是让豆子发芽，变成豆芽来卖。如果豆芽卖不出去，也不要担心，那就让它们长大，改卖豆苗；如果豆苗依旧滞销，那就让它继续长大，干脆到最后当盆景来卖，并为它取上一个好听的名字，例如'豆蔻年华'，可以去城市的大中小学门口或者白领公寓的门口去卖，这个时候你就可以自豪地告诉他们，你卖的是文化而不是豆苗；如果豆苗还是卖不动，就可以拿到适当的闹市区进行一次艺术创作，比如说'豆蔻年华的枯萎'，然后再以旁观者的身份给各个报社写报道，从另一个方面把豆子的资本收回；如果这样还是不行，那就赶快回家把豆苗种到地里，然后再给它灌溉施肥，等到豆子成熟的时候，再收回来去卖豆子。

小小的豆子竟然让这一位商人想出十几种的发财方法。如这位商人所述，将豆子经过如此的一次循环，相信不但不会囤积货物，还会达到更好的收益。商人在做生意的时候，困难是必不可少的，如果都能像这位先生一样，积极的开动脑筋，新的方法就永远无穷无尽。

新方法是无穷无尽的，只要具有永不满足的精神，能够不断地探索，就一定能够寻找到新的方法。在工作中同样如此,每一个人在工作中都会面临很多困难,只要积极的开动脑筋,不断地探索,就一定能够豁然开朗。

科特大饭店是美国加州圣地亚哥市的一家老牌饭店。随着饭店的生意越来越好,饭店急需要装修和扩大,尤其是那个原先配套设计的电梯,由于过于狭小,已经无法适应越来越多的客流。

于是,饭店的老板为了获得更好的经济效益,就打算安装一个新的电梯。为此,他重金请来一个一流的建筑师和工程师,请他们出谋划策,为饭店安装一架新的电梯。

建筑师和工程师都是全国有名的人物,他们看到饭店的情形,认真地拿出了一套方案,但唯一的不足之处就是在安装电梯的时候,饭店必须停业半年。这个答案当然不是老板最想要的,老板不希望因为安装电梯的缘故影响了饭店的生意,于是,老板问:"没有别的办法了吗? 这样一来,会造成极大的损失。"

"必须得这样做了,否则根本无法在饭店里安装一个新的电梯。"工程师和建筑师肯定的回答道。而就在这时,一个正在饭店扫地的保洁人员正好听到了老板和工程师们的谈话,说实话,她非常不想有这样的结果,这就意味着她要失业半年。

"那么该怎么办才能既安装了新电梯,又不影响饭店的经营状况呢?"清洁工陷入了沉思。突然她到一个很好的办法,于是她充满自信的到了老板的面前。

此时,老板依然还在和工程师、建筑师商讨安装电梯的事项,看来老板已经同意了。清洁工一脸自信的来到他们面前说:"如果换做我来安装电梯,你们知道我会怎么做吗?""你能怎么做?"工程师和建筑师同时说道,并不屑地瞟了她一眼,心想"她能有什么好的方法。"清洁工没有理会他们的眼神,继续说道:"我会直接在屋子外面装上电梯,这样既可以实现换电梯的目标,又不影响饭店的生意。""多好的方法啊!"工程师、建筑师和老板三人顿时惊呆了。

很快，饭店就按照清洁工的意思，在饭店的外面安装上了新的电梯，不仅适应了饭店扩大的需要，并且成为了建筑史上第一部观光电梯。

从习惯上来讲，安装电梯只能在室内，专家们也因此将其思维模式固定住，没有积极的开动脑筋，寻找新的方法。而那位清洁工则正好相反，将思维打得更为开阔，从而提出了他们意想不到的办法。

在职场生活中，只要积极的开动脑筋，新方法是永远也想不完的。弗拉迪斯拉夫·伯罗用一个小球代替了钢笔笔尖，就产生了圆珠笔；沃尔特·迪斯尼将米老鼠和旅游结合起来，就创立了迪斯尼乐园；为了解决销售人员不足的问题，商场就推出了自选商品的购物方式，于是就产生了超市；为了把耳机和收音机的功能结合起来，索尼公司就发明了随身听；为了爱美女士的需要，穿起来更为方便，将尼龙袜和紧身短裤连起来，就产生了连裤袜……

在当前职场中，竞争日益的激烈，任何一个员工都面临着被淘汰的危险。只有在工作中积极的开动脑筋，充分调动自己的创新思维，积极的找出解决问题的新方法，就一定能够在职场中立于不败之地。

4 创新来自勤奋

法国著名的数学家、哲学家彭加勒曾经说过："出乎意料的灵感，只有经过了一些日子，通过有意识的努力后才能产生。没有努力，机器不会开动，也不会产生出任何东西来。"的确是这样，任何一个人，无论是在工作中还是在学习中，如果想获得出人意料的创新，就必须拥有扎实的基础和源源不断的努力。一个没有基础、没有努力的人，创新也只能成为镜中月、水中花。

从小我们就知道，勤奋是一种积极向上的人生态度，也是每一个人成才的必经之路。尤其是在步入职场之后，如果想成就一番事业，造就自己辉煌的人生，就一定要具备勤奋的工作态度。不论事先抱有多大的希望和抱负，如果没有勤奋，即便是再美好的愿望也会落空。

在职场中，我们都会面临各种各样的困难，如果没有勤奋的态度，我们的灵感就无从谈起，创新也就成为空谈。一般来说，凡事持有三分钟热度的员工，是很难得到灵感，实现创新的，这样的员工不但难以实现自己心中的理想，就连最基本的工作也无法完美的完成。

小王是一家广告公司的创意文案员。自从小王步入公司之后，就一直勤勤恳恳的工作，深受领导和同事的喜欢。

一次，一个著名洗衣粉的制造商委托公司做广告宣传，由于这个项目非常重要，领导将这个任务交给小王和其他的两个同事一同负责。明明是一个非常简单的洗衣粉广告，然而小王和他的两个同事经过两天的奋战，依旧没有拿出令制造商满意的广告方案。

工作一时陷入到僵局之中，小王的两个同事看到制造商如此不满意，但自己又确实拿不出更好的创意方案，于是他们两个人就开始退缩了，这两个人下班之后就早早的离开了，好像创意方案和他们无关。

担子一下落到了小王的肩上，但是小王并没有因此而退缩，他一连好几天都在办公室中辛苦的工作，甚至周末都没有休息。他经常盯着一袋洗衣粉，不停地想这个产品在市场上已经非常畅销了，人家以前的广告也非常有创意，为什么我就拿不出一套具有创意的、令制造商满意的广告方案呢？一天，小王又像往常一样在思考洗衣粉的广告方案。他把洗衣粉拆开，倒出一部分洗衣粉，并把它们放到平铺的报纸上。小王时而用手揉搓着洗衣粉，时而用鼻子嗅嗅洗衣粉的味道，试图从中找出灵感。

不知不觉中，时间已经到了中午时分，当其他同事都早已经去食堂吃饭了，小王仍然没有一点饿意，他还在苦苦思索着广告的事情。这时阳光非常强烈。尽管窗帘已经遮住了大部分的阳光,但是仍有一部分照了进来,当阳光洒在洗衣粉上的时候,奇迹出现了:原来是洗衣粉的粉末间布满了一些微小的蓝色晶体。小王仔细审视了一番之后,潜意识告诉他这些蓝色的晶体非常重要。但是小王也不是专业人士,于是特意跑到制造商那边,询问蓝色晶体是什么。经理告诉他:"蓝色晶体就是活力去污因子。正是因为这个原因,我们的产品才具有超强去污、洁白的效果。"

回到公司后,小王的灵感终于来了,他从"活力去污因子"出发,推出了最佳的创意。广告很快就制作完成了,播出之后,效果非常好,制造商公司中的洗衣粉销售量连续上升。而小王也受到两个公司经理的认可。此后小王在公司更加得到领导的青睐,一年之后,小王被领导任命为创意部总监。

可以说,如果小王像其他两位同事一样,遇到困难就退缩,恐怕不会产生任何灵感,也不会拥有最好的创意广告,从而也无法得到老板的重用。我们每一个职场人士在工作中都会遇到各种各样的困难,如果在问题面前不是积极的想办法,反而是逃避问题、埋怨公司,只能使其一步步变成没有能力的人,最终在竞争中被淘汰。任何问题面前,只要付出辛勤的劳动,用积极的心态去面对,就一定能够找到最佳的创意。

创新不是一蹴而就的,它是一个从量变到质变的一个缓慢的过程,只有积累到一定程度,灵感方能闪现在头脑中。因此,每一个职场人士,在工作的时候,不仅要用开放的心灵去拥抱新的理念,更要勤奋好学,坚持不懈的努力。正如培根曾经所言:"艰难由懒惰生,苦楚由偷安来。"

巴尔扎克是文坛史上一颗耀眼的明珠,在他成名之后,有一位老太太拿着一本破旧的小学生的作文本给他看,说:"你瞧瞧这个小子有没有天才,将来是不是块作家的料子?"

巴尔扎克接过一看,说:"他天赋不多,灵气不足,当作家很难。"

老太太一听,不怒反笑道:"你知不知道这作文本的主人是谁啊?"

孰料巴尔扎克笑道:"我没有说错啊,我所以有今天,关键在于勤奋,并不全是靠天赋和灵气的。"

尽管巴尔扎克在文学上有很多创新,但是这些灵感不是凭空产生的,而是在他辛勤写作的过程中得来的。可以说,世界上任何一个人的创新都不是天生具有的,之所以能够创造性的解决问题,那都是通过日复一日的辛勤劳动换来的。

5 选择正确的方法,才有正确的结果

报纸上曾报道过这样一个有关招聘的故事:

某家大型合资公司要找一个营销总监,来报名面试的人非常多,经过层层筛选,最终只剩下三个人。

评心而论,这三个人都非常优秀,但无奈公司只能招一个人,于是这三个人不得不进行最后一次比拼。在最后的关头,公司却出了一道非常奇怪的问题:请三个竞争者到苹果园中摘苹果。

听到这个消息,两个人不由得窃喜,因为他们一个人身材非常高大,他可以轻松的摘到一些比较高的地方的苹果;另外一个则是身手敏捷,他觉得自己可以爬到树干上去摘苹果。只有一个人面色很凝重,因为这个人不但个子矮小,身手也比较笨拙。

当他们三人走进果园的时候,看门的是一个老大爷。个子矮小的那个人非常热情的给老大爷打了个招呼,并向他询问了很多摘苹果的方法。而另外两个人却不屑一顾,一心只想快点摘到苹果。当他们走到要摘苹果的地方才发现,这原来是经过精心策划的,要摘的苹果都在很高的位置,尽管身材高大的人一

伸手就能摘到苹果,但毕竟数量有限。而第二个身手敏捷的人怎么也没办法爬到树梢。看见这种情况,小个子的人马上跑到了看门老大爷那里,向他借了一个梯子。

不一会儿,答案就已经摆在了面试官的面前,那个小个子的人摘到的苹果最多,成为他们公司的新员工。

通过故事我们不难发现,面对同样的问题,身材高大的、身手敏捷的人只是简单的想凭借自己的实力摘到更多的苹果,反而忽略了工具,结果让小个子的人从中胜出。

在职场中,困难是在所难免的。然而在遇到困难的时候,很多员工都会被复杂的外表所迷惑,不知道该采用什么样的方法。甚至有的员工在困境面前,不懂得加以思考,只会拿以前的老方法来套用,结果不但没有将问题解决,反而将事情搞得一团糟;而具有创新意识的员工,则能跳开以往的圈子,站在一个全新的角度上来分析问题,从而找出正确的方法,将问题漂亮地解决掉。

某市的一家出租高层写字楼的房地产企业,最近接二连三的接到投诉,他们纷纷向公司抱怨电梯的时间太长。为了保证公司的良好信誉,房地产公司非常重视顾客的投诉,于是公司马上派人去调查。

结果很快就出来了,原来这栋写字楼比较高,而且没有设置转台。当时,楼层较高的建筑需要设置电梯转台,比如说,客人要上 30 楼,得先乘电梯到 20 楼的转台,然后再搭乘另外一台电梯。

找到原因之后,房地产公司就开始想办法解决。为此,公司召开大会,希望大家能够商量出一个可行的方案。在大会上,有人提出进行工程改造,但是这项工程改造将会耗费上百万元,并且工程改造期间,楼上的所有办公公司都得停业。对于这个方法,老总非常不满意。为此,老总给了大家一周的时间,希望有人能够提出更好的意见。

一周之后，老板将大家重新召集在一起，然而很多员工都默默不语，老板失望的叹了口气。就在这个时候，一个年轻的小伙子站了起来，说："我觉得只要往大厅中装上一面镜子就可以。"

听到小伙子的方案，很多员工都笑了起来，大家都觉得这能解决什么问题呢？老板同样也很疑惑，但是又非常期待是一个好办法，就示意年轻人继续说下去，"据观察，在这栋楼上上班的职员，他们上班的时间都差不多，而且又以年轻人居多。我们知道，年轻人都喜欢熬夜，因此每天早上都是匆匆忙忙的就来上班了，如果能够在大厅中装上一面镜子，他们就可以利用等电梯的时间来给自己整理一下，尤其是那些注重形象的年轻女性，正好可以利用这段时间给自己补妆。"

听到小伙子的叙述之后，老板满意地点了点头。于是，问题很快得到了解决，很少有人再因"等电梯时间长"而投诉了。

在工作的时候，我们经常会看到有些人善于把复杂的事物简明化，能将复杂的事物简单的办好；而有的人却在复杂的事物面前，不懂得换种思维来考虑问题，无法选择正确的方法，对复杂的事情一筹莫展。甚至有的员工，还因为找不到正确的方法，将简单的事物变成复杂的问题，结果越弄越糟，不但无法完成工作，还使自己深陷其中不能自拔。因此，当我们在职场中遇到困难的时候，千万不要钻牛角尖，更不要把事情想的过于复杂，只要换一个角度，选择正确的方法，就一定会柳暗花明。

高露洁公司在最初的几年中，虽然其产品质量不错，深受人们的好评，但是总体销售业绩就是无法提高。对此，公司的高层绞尽脑汁也没有想到更好的方法。无奈之下，老板横下决心，公开向外征集良策，并以10万美金作为奖金。

一时之间，大量的创意涌进了公司中，高露洁公司的领导经过筛选，终于选中了一个创意：很简单，只要把高露洁牙膏的管口放大50%，那么每天消费者在匆忙之中所挤出的牙膏，自然会多出一倍，牙膏的销量自然也会上涨。

公司采纳这一意见之后，果然取得了良好的效果。

虽然只是一个小小的创意，但却给高露洁公司带来了上千万的利润。同样，在工作的时候，有的员工明明耗费了大量的精力，却始终无法取得理想的成绩。而有的员工，则是简简单单的就赢得了成绩，赢得了老板的青睐。

这就是优秀员工和平凡员工的区别所在。在任何一家公司中，老板都喜欢有头脑、能提出好方法的员工。因此，无论你从事何种行业，只要能够带着思想去工作，面对问题的时候，能够提出正确的解决方案，就一定能够取得正确的结果。

6 创新成就事业的成功

美国心智发展专家约翰·钱斐曾经说过："创新能力是一种强大的生命力，它能给你的生活注入活力，赋予你生活的意义。创新能力是你命运转变的唯一希望。"在当今社会，创新已成为一种最稀缺的资源，谁掌握了创新的能力，谁就掌握了成就事业的主动权。

李嘉诚在回答比尔·盖茨"暴富"的时候说："比尔·盖茨之所以能够在短时间内积聚大量财富，这主要是因为他掌握了这个年代最稀缺的资源——创新精神和创新能力。"李嘉诚认为，创新可以让一个"新品"在一夜之间战胜一个畅销几十年的"名品"。

创新是成就人生事业的最主要的方法。对于职场的人士来说更是如此，无论从事何种职业，无论身处何种地位，只要具有了创新意识和创新能力，就一定能够从职场中脱颖而出，成为职场的佼佼者！

20世纪90年代的时候，牛根生只是伊利的一名普通员工。那时候，伊利推出了一种新的冰激凌——苦咖啡。产品刚推出没多久，公司里来了一位参观的女士，这位女士患有糖尿病，按理说是不能吃甜食的。但是她尝了苦咖啡之后，非常满意。接着又要了一根。

那个时候，牛根生正在内蒙古工学院学计算机。一般来说，在学校的女孩子都是非常喜欢吃冰激凌的，然而当牛根生问起她们的时候，这些女孩子没有一个人知道苦咖啡。

为此，牛根生想了很久，为什么连糖尿病人都忍不住想吃的好冰激凌，众多的女孩子却不知道呢？这样把产品“藏在深闺”之内，如何才能打开市场呢？

牛根生想到之后，就立即跑到公司，建议马上展开一次大规模的营销活动，让所有的人都认识到苦咖啡。当时正值冬季，本来就是销售冰激凌的淡季。因此，牛根生的这一提议，马上就得到了众多人的反对，没有人认为能够在冬天将冰激凌卖掉。

老板虽然非常重视牛根生的看法，但也不敢冒然进行全国性的营销。于是，经过商定，决定首先在呼和浩特和包头两座城市作为试点，并为之作了一个非常有创意的广告：一个天真可爱的小男孩，手中拿着一个“苦咖啡”，初咬第一口的时候，小男孩眉头紧锁——苦！然后越吃越香，小男孩也露出了灿烂的笑容——甜！广告的画外音就是：“苦苦的追求，甜甜的享受！”

之后，牛根生采取了国内从未有过的传播策略，只要有广告的时段，就会加入“苦咖啡”的广告，可以说已经达到了无孔不入、无人不知的地步了。在这种小密度的宣传下，“苦咖啡”的宣传广告没过多久就收到了显著的效果。在12月份的时候，呼和浩特和包头的满大街都是“苦咖啡”，原本是冰激凌的淡季却变成了旺季。

在一片大好的形势下，“苦咖啡”又跳出了区域市场，这一风暴逐渐的刮向了全国。没过多久，“苦咖啡”就已经成为人们最喜爱的冰激凌。伊利集团为此盈利达到3亿多，而牛根生也在此得到领导的重视，逐渐从一个普通的员工成长为公司的副总裁。

或许很多人以为，牛根生的奋斗经历不是每一个人都能做得到的。

但是只要每一个人都积极的开动脑筋,具有创新意识,能够将自己的想法变成现实,就一定能够取得成功。正如拿破仑·希尔所说:“创新并不只是某些行业的专利,也不是超常智慧的人才具有创新能力的。”

作为一名职业人士,创新是一种必备的职业技能,这不是一件高不可攀的事情,因为每一个人都具有一定的创新精神,只要克服自己的惰性,遇到事情不要按照以往的套路去思考,更不要按照以往的模式去重复的工作,只要积极开动自己的脑筋,就一定能够想出新的办法,从而取得事业上的成功。相反,如果一个员工不具备创新意识,哪怕是做得再好,也不会取得成就。

张新是一家公司的职员,在公司中张新是大家公认的好同事,年年工作都名列前茅,老板交给他的任务每次都能够顺利的完成,另外他还经常帮助同事做些力所能及的事情。

但是令人不解的是,张新连续两年都没有得到升职,而那些被提升的人无论是从资历上还是从工作上,都远远不如张新。为此,不仅仅是张新疑惑不解,就连许多同事也觉得此事不公平。

经理知道这件事后,特意和大家讨论了相关的想法。在讨论中,经理表达了自己的观点:张新工作态度虽然很好,不但能够按时完成老板交给的任务,还能及时帮助同事,是一个非常好的员工。但是张新在面对变化的市场,却没有相应的对策。可以说,当前职场变化莫测,一个好员工仅仅踏实肯干还是远远不够的,思想呆板只会使自己停滞不前,这样一来就会被市场淘汰。

像张新这样的员工不能不说是一种遗憾,呆滞的思想只会让自己在职场中陷入被动,在竞争中处于下风。在工作中不要像张新那样,觉得自己是一名老员工就等待着组织上分配任务,而没有创造性,不会主动积极的开发市场,这样的员工必然会像张新那样陷入困境。

因此,不论身处何种职位,哪怕就是一个小小的职员,也不要领导说什么就是什么,更不可忽略自身的价值。只要保持一颗创新的心,在工作中一点一点的积累,就一定能够一步步成为公司最优秀的人才。

第八章　学会自我管理，做最优秀的员工

在如今这样一个快节奏的社会中，忙碌似乎成了成功人士的先兆。同时，我们又会发现，也有一部分人在轻松和愉快中就实现了自己的成就；而整天忙忙碌碌却又一无所获的也大有人在。为什么会有这样的现象呢？答案就是——自我管理。

1 有效的管理时间，卓有成效的工作

一位企业家曾经说过："我们都拥有足够的时间，只要我们好好的善加利用。一个人如果不能合理、有效地利用时间，就会被时间俘虏，最终将一事无成。"的确如此，对于任何一个人来说，时间都是公平的，然而在同样的时间中，有的人做出了巨大的贡献，而有的人则碌碌无为，造成两者重大差别的就是——合理有效的管理时间。

在职场中，我们经常会听到这样的话："如果再给我几个小时，我就能将其做的更加完美了"、"要是一天有 30 个小时用到工作中，就不会出现这样的结果了"……同样的工作时间，同样的工作量，却会出现不一样的结果。一般来说，优秀的员工会合理、有效的利用时间，从而使工作效率提高，迅速的解决所有的问题；而平凡的员工则因为没有时间观念，在工作中往往是"两眼一睁，忙到熄灯"，但即便是如此，仍然感到时间不够用，他们因为不会管理时间，繁重的工作将其弄得身心疲惫，甚至不能按时完成工作，最终受到老板的指责。

尤其是对于刚刚进入职场的新人来说，由于把握不好时间，经常会出现极端情况——无休止的加班加点。这样一来，虽然说自己付出了大量的劳动，但是会给老板造成一种错觉，老板会觉得你能力不够强，每天得靠加班来完成任务。这样的员工是永远无法得到老板的重用的，当然也不会实现自己的辉煌事业。

小苏毕业之后进入一家信息咨询公司工作，公司派她到公司新开设的汽车信息部工作。刚开始的时候，小苏手里既没有客户，也没有信息资料。无奈之下，小苏只好采用"陌生拜访"的方式，一边宣传公司的业务，一边收集信息。在工作的时候，小苏赔尽了笑脸，晚上回到家之后，小苏还得耗费大量的时间整理

信息。可以说，小苏每天都处在工作状态，连业余时间也没有了。但即便是这样，经过了很长一段时间，小苏依然没有发展到多少客户。

公司采用的是佣金制，工资主要是按照自己完成的工作量所定，由于没有多少业绩，发工资的时候，小苏只有看着别人兴高采烈的脸，自己只能在一边暗暗的伤心。

小苏是一个好强的女孩，她虽然很伤心，但依然没有就此罢手，她认真的分析了自己失败的原因，找到了自己的致命弱点：时间分配不合理，业务不熟、计划不周。于是小苏开始积极的学习相关的业务知识，用心总结和钻研客户的心理，并合理的分配时间，重新制订了自己的工作计划。三个月后，小苏的业务量大大增加，薪水也开始一路飙升，主管也开始重视起这位小姑娘了。

在职场中，面对繁杂的工作，很多人往往不知道如何去应付，像热锅上的蚂蚁团团转，每天忙得顾不上吃饭、睡觉，到头来却一事无成。然而有的人却能在有效的时间内，将工作顺利、漂亮的完成。这样的员工自然会受到老板和成功之神的眷顾，从而登上事业的高峰。正如当代的马克尔所言："你观察四周，看看速度如何影响一个人的成败，就会发现赢家往往是那些最善于利用时间、最讲究效率的人。"

汪晨和姚佳是一个公司的同事，她们都是大学毕业之后就进入到公司中的。两个人同在一个部门，关系非常融洽。

进入公司之后，两个人都用了很长一段时间学习公司中相关的业务知识。两个人经过了一段时间就慢慢地适应了自己的工作。就在这时，很多问题也暴露了出来。

汪晨是一个非常勤快的女孩子，几乎每天她都是第一个来到公司，晚上又是最后一个离开公司，工作非常努力。但是即便是这样，她还是觉得时间不够用，甚至周末的时候也不得不加班。为此，汪晨非常苦恼，每天都愁眉苦脸，看到工作就像看到敌人一样，有着说不出的感觉；而姚佳的情况则很不一样，同样是繁杂的工作，姚佳却没有如此的繁忙，她每天来到公司之后，就开始有条不紊的工作，看起来什么事都不忙碌，一切都很平静。遇到同事的时候，姚佳也是面带着微笑。

有一次，老板让两个人各做一份策划方案，面对着陌生的工作，汪晨不禁皱了皱眉头，心想无休止的加班又要开始了。之后的两周时间里，汪晨每天早出晚归，没有周末可言，把所有的时间都放在了工作上，但是怎么也拿不出一套很满意的方案。两周之后，汪晨在工作中病倒了；而姚佳接到工作后，先把这两周的时间分配好，她按照自己的规划轻轻松松的完成了自己的工作。

老板在看到姚佳的策划案后非常满意，同时也觉得姚佳是一个不可多得的人才，肯定了姚佳的能力后，老板经常将一些非常重要的工作交给她。

汪晨看到姚佳的成就，就向其请教："为什么你每次都能轻轻松松的将工作完成？而我每次都感到时间不够用，恨不得不吃不睡，但就这样也完不成工作，并且效率非常低，工作也做得非常差劲？"姚佳微笑着说："其实我也没有什么过人之处，只不过是比你会安排自己的时间罢了。我每天在下班后，都会对第二天做一个工作计划和时间表，按照自己已经规划好的时间，高效的工作就可以了。"

的确如姚佳所言，作为一个职场人士，只有将自己的时间安排好，做一个合理的工作计划，才能够高效的完成自己的工作，从而取得更大的成就。对此，美国的麻省理工学院对3000名经理做了调查研究，结果发现凡是成就优异的经理人士，都是可以很好的利用时间，让时间消耗到最低限度。

2　珍惜每天的每一分钟

有这样一个故事：

在很久以前，有一个寺庙，有两个人在寺中常住，他们是来寺中静心读书的，以备来年去京城中应考。他们当中有一个人叫张生，每天读6个小时的书。而另外的一个李林则每天读5小时59分，为此，李林经常想：少读1分钟的书也无所谓。

有一天，李林对张生说："干嘛那么辛苦啊，多苦读一分钟有什么用？干脆和我一样，拿那一分钟来睡觉，这样一年下来就能多睡6个小时。"张生反驳道："非也，我每天多读一分钟的书，一年365天就可以当做366天来用，这样正好多读一天书。"李林不屑一顾的说道："多读一天书有什么用啊，我看你未必比我考得好到哪里去。"说罢，扬长而去，张生摇了摇头，继续读书。

转眼间，一年过去了，应考的日子来临了。张生和李林两个人都是信心十足的来到了考场上。等到发榜的时候，张生正好达到录取的分数，而李林则因一分之差名落孙山。

出来之后，李林仰天痛哭，后悔当初自己没有利用好那一分钟。

的确是这样，一分钟看似渺小，可是经长久的累积就会显得庞大。艾迪生曾说："一分一秒虽然渺小，可也是时间，也要我们去珍惜的。"在本杰明·富兰克林的眼中，时间就是资本，利用时间就可获得不断增值的时间效应，而浪费时间也是在浪费不断增值、数量可观的时间资本。

对于一个职业人士来说，时间显得更为重要，一般来说，所有的成功人士都是珍惜每一分钟，善于利用每一分钟的人，在成功人士的时间观念里，每一分钟都应该有价值。因此，只有懂得抓紧工作时间的分分秒秒，才能在同样的时间内做出更大的成绩，才能得到老板的青睐，才能赢得成功。

一位企业家在介绍自己成功经验的时候说道："时间是挤出来的，你不去挤它就不会出来。时间赋予每一个人都是每天 24 个小时，如果你不善于挤时间，就会和其他的平庸职业人士一样，忙忙碌碌却又只是庸庸碌碌的度过一生。"

然而在职场中，很多人却无法做到这一点，他们普遍认为时间不够用，殊不知大量的时间已经在他们的抱怨中、休息中一点一滴的浪费掉了。如果你是个有心的职业人士，你就会发现有很多零碎的时间被我们抛弃了。早上等公交车的时候，时间在一点一滴的过去；去拜见客户的时候，客户还没有来，你是傻傻的等待？还是利用这段时间为工作做点准备呢？……时间总是在不经意间流走，有心的员工会利用其中的每一分钟，让每一分钟都发挥它的价值，从而取得事业上的辉煌成就。

林爽是一个保险公司的职员，她每天都会坐车去拜访很多客户，可以说林爽的工作非常繁忙，但是林爽却将其安排得非常好。

坐车遇到红灯或者遇到交通堵塞的时候，她会拿出客户的有关资料看一看，以便加深印象；在饭店等待吃饭的时刻，她会为以下的工作做一个大体的规划……这是因为林爽能够珍惜每一分钟，在公司中，林爽的业绩自然非常好。为此，林爽深受老板的重视，两年之后，就被提拔为业务经理。

同样，一位名叫小敏的总裁助理也是这么做的。小敏毕业之后来到一家合资公司做总裁助理，虽然小敏刚刚毕业，但由于她过人的能力，每次都能将工作出色、认真的完成。为此，小敏在公司的人气越来越旺，成为总裁最得力的助手。一直以来，小敏就是一个时间观念非常强的女孩子，她非常珍惜时间，每天在上班的公交车上，她都会为今天的工作做一个规划，并且还可以将总裁的信件一一归类。

有一个成功人士曾说过：“**时间是由分秒来积成的，用‘分’来计算时间的人会比用‘时’来计算时间的人多出59倍；同时，用‘秒’来计算时间的人会比用‘分’来计算时间的人多出59倍。**”由此看来，只有合理的利用时间，珍惜工作中的每一分、每一秒，就一定能够做出比别人更大的成绩。

林可是一家公司的业务经理，她每年负责的业务就是数百件，为了工作的需求，她几乎经常处于出差的状态。因此，她很多时间都是在飞机或者火车上度过的。

为了有效的利用这部分时间，林可养成了一个非常好的习惯，那就是在车上或者飞机上看客户的资料。经过数年的工作，林可也明白了和客户维持良好的关系具有十分重要的意义，因此，她还会在车上给客户发邮件，以此来巩固合作关系。

有一次林可在出差的飞机上，如以往一般，开始整理客户的资料。这时，身边的一位旅客跟她攀谈起来：“在飞机上的2个小时中，我看见你一直在写邮件，相信你一定是一个深受老板重视的好员工。”林可笑着说：“我已经是公司的业务经理了，只不过这是我养成的习惯，我一直不希望时间被白白浪费掉。”

在职场中，每一个成功的人士都是合理利用时间的人，他们不仅能够合理的安排、规划每一分钟，还能对其进行有效地利用。在当今职场中，也只有这样的员工才能提高工作的效率，才能得到老板的重用，从而取得事业上的成功！

时间对于每一个人来说都是公平的，不论你身处何种职位，也不管你现在的业绩有多么差，只要能充分的利用一切零碎的时间，你的办事效率就一定能够快速的提高，业绩也会得到明显的改善。同时，也会赢得领导的青睐。

在职场工作中，只有掌握好自己的时间，才能掌握住自己的命运。一个人究竟是优秀还是失败，关键就在于他对时间所持有的态度。任何一个职业人士，只要珍惜时间，将每天的每一分钟都用在工作中，就一定能够成就自己的人生！

3 合理分配时间，做事分清轻重缓急

德国诗人歌德曾经说过：“重要之事绝对不可受芝麻绿豆小事的牵绊。”这就告诉我们，在做任何事情的时候，都必须要排除次要事物的牵绊，集中精力于紧急的要务。如果不断地被一些次要的事物牵绊，就会阻碍前进的步伐。

在职场中更是如此，任何一个人在工作中都会被各种琐事所牵绊，如果没有将其分清轻重缓急，没有高效的工作方法，就会被这些琐事弄得筋疲力尽，从而没有精力和时间去做更重要的工作。因此，这样的员工在工作中经常是捡了芝麻丢了西瓜，他们虽然将小事干得又多又好，却忽视了真正重要的事情。长此下去，这样的员工就会被那些看似紧迫的事情所蒙蔽，找不到哪些才是最需要做的事，结果只能是白白浪费大量的时间。

而那些成绩卓越的员工则不会被琐事牵绊，他们不仅能够充分的利用有限的时间，还具有超常的判断力，能够按照工作的轻重缓急来规划工作时间。他们会将工作分为主次之别，然后按照需要分配时间，用全部的精力将最主要的工作做好。

无论从事什么样的工作，都不可避免地遇到一些棘手的问题，只要我们在工作中学会分清轻重缓急，就一定能将工作顺利的完成，从而赢得老板的青睐，实现事业上的辉煌。

查理斯·舒瓦普是美国伯利恒钢铁公司的总裁。他曾经因为自己和公司的效率低下而十分苦恼，于是他就向效率专家艾维·利请教“如何更好的执行计划”的方法，希望借此来改变公司和自己的状况。

面对着查理斯·舒瓦普的询问，艾维·利说道："好吧，我可以在10分钟内给你一样东西，而这样东西则可以把你公司的效率提高50%。"说着，艾维·利递给他一张白纸，"请你把明天要做的最重要的工作写在上面，并按照重要程度编上号码，最重要的排在第一位，依次类推"。

没过10分钟，查理斯·舒瓦普就已经将要做的重要事情排完了，然后他又问道："然后呢？怎么做？"

艾维·利说："好了，把你的这张纸条放进口袋里，明天早上第一件事就是把纸条拿出来，做第一项最重要的事情，不用看其他的事情，只做第一项。等到第一项工作做完之后，用同样的方法做以下的事情……直到你下班为止。"

"那如果到了下班的时候，而我却只做了一件事情，那该怎么办？"查理斯·舒瓦普接着问道。

"那也无妨，因为你已经将最重要的事情做完了。"艾维·利又接着回答道："以后的每一天都要这样做。虽然你刚才只用了10分钟的时间，但是会给你带来意想不到的效果。当你对这套方法深信不疑的时候，你可以让你公司的人也这样做。这套方法你愿意试多久就多久，然后给我寄张支票，并填上你认为适合的数字。"

一个月后，艾维·利收到了查理斯·舒瓦普寄给他的一张2.5万美元的支票，里面还有一封信，查理斯·舒瓦普在信上说，那短短的10分钟是他一生中最有价值的一课。

5年之后，查理斯·舒瓦普的小钢铁厂一跃成为世界上最大的独立钢铁厂。而查理斯·舒瓦普和所有的人都认为，他之所以会有这样的成就，艾维·利自然是功不可没的。

在职场中，无论是身居要职的领导者，还是最基层的普通员工，每一个人都应该养成"分清轻重缓急，做要事不做急事"的好习惯。在工作的时候,无论是面临什么样的问题,都要从全局的角度来进行规划,将事情分出轻重缓急,将大目标分成若干个小目标,并坚持“要事第一”的原则。长久坚持下来就一定能够养成“做事分清轻重缓急”的良好习惯。

王芸是一家建筑公司的预算员,由于工作性质的缘故,王芸经常需要在工地上来回跑。虽然说王芸是预算部的唯一一名女性,但她从没因此叫屈,从来没有找过任何借口。

她平时负责的工作非常多,要为不同的老板修改预算方案。虽然她的工作非常辛苦,工资报酬也不是很高。但是王芸仍然努力的工作,毫无怨言。一次,老板安排她为一个客户做预算方案,时间只有两天,而且当时王芸的手中已经还有很多工作要完成。可以说,这对她是一件难度非常大的工作。

但是王芸接到任务之后,马上就为自己制订了一个计划,注明了自己什么时候跑建材市场,调查各种原料的价格;什么时候查找资料,什么时候向同事请教问题……

两天后,王芸就把一份完美的预算表交给了老板,她也因此得到了老板的肯定和重用。不久王芸就成为公司预算部门的主管。对此,王芸非常疑惑,自己虽然说工作卖力,但是有很多老员工都没有升职的机会,对于自己为什么会升职,王芸一直很纳闷。一次,王芸忍不住就问老板,老板回答她说:“你是一个工作效率很高的人,无论是把什么样的工作交给你,你能够分清轻重缓急,在恰当的时候将其完成。”

遗憾的是,在职场中,有很多人不会安排事情。一旦遇到什么大事,马上就手忙脚乱,不知道该先做哪一件事。甚至有的员工不但分不清主次,还会本末倒置,将大部分的精力耗费在一个个小问题上。这样的员工只会将事情搞得一团糟,永远也不会得到领导的重用。

因此,只有养成了根据工作的轻重缓急来组织和行事的习惯,才能合理的支配时间,将工作顺利的完成!

4　叫苦不如吃苦，生气不如争气

当今社会，竞争日益激烈，无论是身处办公室，还是普通的上班族，都会感到困难重重。面对着接踵而来的困难，有人选择了抱怨，也有人选择了叫苦不如吃苦，生气不如争气。

在工作中，面对突然而来的困难，很多人开始叫苦连天：工作环境不好，不够舒适；加班太频繁，工作压力大；工作任务太重，弄得自己精神疲惫……一味的叫苦和抱怨并不能帮助我们克服困难，只会让我们的心情变得更糟。并且心情越糟，越没有工作的热情，长久下来，只能形成恶性循环。再者，面对困难，如果只是一味的叫苦、或是期待得到他人的帮助，而自己却不积极主动的想办法解决，这样的员工只能使老板觉得不能委以重任。

正如古人所言："天将降大任于斯人也，必先苦其心志，劳其筋骨，饿其体肤，空乏其身。"优秀的员工在面对困难的时候，他们从不叫苦。因为他们懂得通往成功的道路，没有任何捷径。并且在工作的过程中，随时随地都有可能面临着失败，这还需要拥有百折不饶的精神。

一个员工若是没有苦干的精神，再好的规划、再好的设想，也只能停留在纸上，终究不能成为现实。再者，一个员工如果没有苦干的精神，就不会创造出骄人的业绩，就无法赢得领导的青睐，就不会拥有灿烂的明天。

一个年轻的小伙子，高考落榜之后来到城市打工，由于没有文凭学历，也没有一技之长，只有在一家印刷厂做"送货员"。

小伙子每天的工作都很重，每天都穿梭在城市中的各个角落，经常需要用体力将重重的书本送到顾客的手中。纵然如此，这位年轻的小伙子从没放弃过，他知道自己不会永远只是一个送货员。

一天，这个年轻的小伙子将一整车四五十捆的书送到一个大学的办公楼。当他先扛了两三捆书到电梯门口的时候，一位保安走了过来，冷冷的说："这电梯是给教授、老师们准备的，其他的人一律都不准使用，你必须走楼梯。"

年轻的小伙子向保安解释："我是要送一整车的书到七楼的办公室，这是你们学校订的书。"但是保安仍然面无表情的说道："不行就是不行，你就是不准坐电梯！"

两个人在电梯口争执了半天，无奈之下，小伙子只好将书一捆捆的从一楼搬运到七楼，来来回回的一共走了将近二十多趟。虽然小伙子非常生气，但是他却暗暗下定决心，一定不要再被人拒绝。

回到印刷厂之后，小伙子向老板诉说了其中的原委，并说明自己原本打算拂手而去的，但是想到公司的信誉，就忍气将书送到了七楼。小伙子的这一行为得到了领导的赞同，为了表扬小伙子，老板特意给他加了工资。

但是，年轻人在这时也立下重誓：一定要发愤图强，考上大学，绝不要再让别人瞧不起。在工作之余，年轻人买了一套高中课本，通过自己的努力，终于如愿以偿的考上了一所名牌大学。多年之后，他成为了一位知名的学者。

在工作的时候，每一个人都会面临逆境，即便是事业处在巅峰时，也有可能跌落谷底。面对失败，甚至是羞辱，如果只是一味的抱怨、生气，那么就注定自己永远是个失败者；相反，只有化悲愤为力量，不断地努力、充实自己，才能够提升自己的能力。正如文中年轻的小伙子，面对保安的无理刁难和歧视，如果他只是一味的抱怨，如何能从屈辱中勇敢的站起来呢？

吃苦是一个人最重要的资本，工作中的苦难是对自己的磨练，他人的轻视是自己上进的动力。只有当你停止抱怨、平息怒气，开始勇于吃苦、勇于争气的时候，成功才会离你越来越近。

桑德斯上校65岁退休后，身无分文且孑然一身。为了生活的需要，他突然想起母亲曾经给他留下一份炸鸡的秘方。于是，他便挨家挨户的敲每家餐馆的门："我有一份上好的炸鸡秘方，如果你们餐厅能够采用，保证可以增加你们餐厅的顾客量。"

听到桑德斯的介绍，很多人都当面嘲笑他"得了吧，老人家，如果你当真有什么好的秘方，你怎么还能落魄到这种地步呢？"

一次次的嘲笑并没有让桑德斯心灰意冷。他不断地修正自己的说辞，继续努力说服餐厅采用他的炸鸡秘方。桑德斯在遭受1009次的失败后，他的炸鸡配方最终被一个餐馆的老板接受了。

桑德斯整整被拒绝了1009次，才听到一声"OK"，如果桑德斯面对嘲笑选择了抱怨、退缩，相信世界上也不会出现有名的快餐连锁企业——肯德基。

西方有句古话说："**上帝爱你，才叫你吃苦。**"苦难是人生中最好的老师，是成就一个人事业的重要条件。许多成功人士在谈到自己人生经历的时候，总是对曾经的苦难念念不忘，因为对于他们来说，曾经的苦难是一笔难得的、无价的财富。

伟大的发明家爱迪生在经过上千次的失败后，才终于发明了电灯；沙克在试用了无数的介质之后，才培养出了小儿麻痹疫苗；约翰·克里斯在发表第一本书之前，曾经写过564本书，并遭到了1000多次的退稿，然而他并没有灰心，继续进行创作，终于第565本书获得了成功，成为英国最著名的多产作家。

在职场中也是如此，无论身处何种职位，无论从事何种工作，困难都是在所难免的，如果没有吃苦、争气的精神，就永远不会成为一个优秀的职业人士！

5 每天反思三分钟

反思是一种自我学习的过程,是一个人心智不断提高的过程,同样也是一个人的心灵不断升华的过程。任何一个人,无论从事何种工作,只有具备了反思的精神,才能时刻认识到自身的不足,从而督促自己不断地学习新知识,并在工作中不断的进步。

自古以来,我们就非常重视反思的精神。曾子曰:“吾日三省吾身。为人谋而不忠乎?与朋友交而不信乎?传不习乎?”就连雅典的苏格拉底也曾说:“一种未经审视的生活还不如没有的好。”古人尚能如此,而我们在繁忙的工作中。如果能够时刻提醒自己,留一些时间思考、反省自身的不足,就一定能够提高自身的能力和不足,从而使自己更好的投入到工作中。

在我们身边的同事中,我们不难发现这样两种人:一种人动手能力很强,学习能力也非常强,但是在事业上总也无法飞黄腾达。因为他们从来没有给自己留有反思的时间,即便是工作出现了问题,他们也不知道究竟是哪里出错了,从而在工作中犯同样的错误;而另外一种人,总是没有超强的学习、动手能力,但是由于其善于反思,善于发现自己的不足,并且知道以后该如何去改变,从而推动自己不断的走向成功!

崔杰毕业之后进入一家保险公司做业务,由于业务不熟练,再加上工作难度极大。一连一个月来,崔杰都没有推销出几份保险。

一天,崔杰在公园里遇到一位老年人。于是他便主动的上前向其推销保险,孰料等到他详细说明之后,老年人却一脸平静地说:“听完你的介绍之后,丝毫引不起我投保的意愿。”老人看了一眼崔健,接着说:“人与人之间,能够像这样相对而坐的,一定要具备一种强烈吸引对方的魅力，如果你做不到这一点，将来就没什么前途可言了。”

听完老年人的话，崔杰陷入了沉思，想了很久，他问道：“那我应该怎么办才能提升自己的魅力呢？”

“改造自己，努力的改造自己吧！”老年人接着说。

“改造自己？如何改造呢？”崔杰越来越迷惑了。

老年人接着说：“你在替别人考虑保险之前，必须先考虑自己，认识自己。也就是说，你要赤裸裸的注视自己，毫无保留地彻底发现自身的不足。”

崔杰接受了老人的建议，他回家之后，积极的反省自己的不足，并让所有的同事和朋友坦率地批评自己。不但如此，崔杰在拜访以往客户的时候，也诚恳的对他们说：“我刚大学毕业，没有什么阅历，我想请你对我进行一下批评，多提宝贵的意见。”客户看到崔杰态度如此诚恳，都痛快地答应了。

崔杰将大家的意见都记了下来，每天一有时间就反省自身的不足。在大家的批评下，崔杰也开始逐步的成长起来，尤其是他的工作也开始出现好转，业绩呈直线上升。

对于职场的老板来说，他们最喜欢的员工莫过于能够及时反省自己，认识自己的不足，从而不断地完善自己，提高自己的业绩，同时也为公司带来更好的效益。

王静去一家合资公司面试，当天前去应聘的人非常多。按照公司的规定，所有应聘的人都要参加考试，而且要分三天做三次考试。

第一天，王静轻轻松松的就将考卷做完了，结果出来后，她以 99 分的成绩名列榜首。王静之后的是一位叫小米的女孩子，她只考了 95 分。

第二天，王静又去参加第二场考试，当考卷发下来之后，王静感到很纳闷，因为这张考卷和昨天的一模一样。刚开始的时候，她以为发错了，于是找到负责人员，孰料那人一再的强调："没有发错，这是公司的安排。""既然是这样，那就好了"王静一边想，一边将昨天的答案原封不动的搬了上去。结果出来后，王静仍然以 99 分的成绩位居第一；而那位小米的女孩子却紧跟在王静的后面，以 98 分的成绩位居第二。

第三天考试的时候，一看到考题，所有的人都开始议论了，因为还是一样的考卷。大家议论纷纷，负责人生气的喊道："大家安静点，这次的考题和前两天一样，这都是公司的安排。公司怎么安排，我们就怎么做吧。"不到半个小时，大家都纷纷交卷了，这时只有那位叫小米的女孩还在那里冥思苦想。不一会儿，结果就出来了，王静依然是 99 分的好成绩，不过这次小米已经是和王静并列的第一名了。

即便是这样，王静一点儿也不担心自己被挤掉，因为她觉得这三次考试中，自己每一次都是第一名，肯定能够进入公司工作。

孰料，第四天的时候，公司通知小米去上班。王静一时气不过，就跑到公司质问："我三次都考了 99 分，为什么不录用我，反而录用了前两次没有我分数高的考生？你们这种录取方法太不公平了。"

面对激动的王静，经理微笑地说道："我们的确非常注重分数。但是我们并不是说谁的分数高就录用谁。考分只是一种依据，并非最终的结果。你每次都是第一名，但是你每次的答案都是一模一样，如果公司也像你一样，用一种思维模式去经营，将来会怎么样呢？"经理的话让王静大吃一惊，接着经理继续说道："我们之所以会三次给你们一样的试卷，最主要的就是想看看你们有没有反思能力，只有懂得反思，善于发现自己错误的人，才会不断的改正，才会推动自己的进步。”

听完经理的谈话，王静羞愧的走出了公司的大门。

在职场中，像王静这样不懂反思的人非常多，即便是他们拥有过人的能力，但就是因为不懂得反思自己工作中的不足，才使自己一步步走向失败。因此，对于职业人士来说，如果每天都能抽出三分钟时间进行反思，总结自己今天的错误和不足，就一定能够有新的认识和提高。长期坚持下来，就一定能够取得更好的成就！

6　掌控自己的情绪

才貌双全的林黛玉因为性格多愁善感、忧郁猜疑，最终积郁成疾，香消玉损；周瑜尽管有雄才伟略，但只因妒忌多疑、心胸狭窄，而被诸葛亮活活的气死；相反，冰心一生淡泊名利，在和谐的环境中与人相处，在微笑中勤奋写作，终于创造了辉煌的事业，造就了辉煌的人生。

无论是在生活中还是在工作中，人的情绪总会受到外界情况的暗示和影响。例如，在公交车上，一个人打哈欠，接下来他周围的几个人也会忍不住打哈欠。在工作中，人的情绪更容易受到周围同事、领导、工作的影响。比如说：一大清早高高兴兴的上班去了，看见领导正在黑着脸训人，心情马上就黯淡了下来。接着，看到繁杂的工作时，心情就更加低落了。

在职场中，面对不顺心的事情，优秀的员工会积极调整自己的心态，使其尽少受到外界因素的干扰，保持一颗积极、乐观的心态，将全部的热情投入到工作中；而平凡的员工则不会掌控自己的情绪，任由坏情绪泛滥，最终搞得自己无法投入到工作中，不仅影响了自己的事业，严重的还会影响自己的一生。

在 1965 年世界台球冠军的争夺赛上，刘易斯·福克斯以绝对优势将其他选手甩到身后。决赛的时候也非常顺利,可以说已经胜利在望了。

然而就在离比赛结束的几分钟前,一只苍蝇落在了主球上,于是他挥了挥手将苍蝇赶走。可是当他再次俯身准备击球的时候,那只苍蝇又落在了主球上。这时刘易斯·福克斯的情绪发生了重大的变化,他开始因为这只讨厌的苍蝇而生气。更让他生气的是,那只苍蝇就像故意和他作对一样,只要他一回到球台准备击球,那只苍蝇就会重新落在主球上。

这时,刘易斯·福克斯的情绪已经坏到了极点,他终于失去了理智,难以抑制的愤怒使得他突然用球杆去击打苍蝇,结果球杆触动了主球,裁判判他击球,他也因此失去了一轮机会。经过这一番的折腾,刘易斯·福克斯早已经方寸大乱,在后来的比赛中也连连失利。

此时,刘易斯·福克斯的对手却越战越勇,迅速地赶了上来并将其超过,最终赢了刘易斯·福克斯,成为冠军。

第二天早上,人们便在河里发现了刘易斯·福克斯的尸体。

一个所向无敌的世界冠军居然被一个小小的苍蝇打败了,虽然有点不可思议,但也是无可厚非的。其实打败刘易斯·福克斯的不是一只小小的苍蝇,而是面对苍蝇时自己那一份难以控制的情绪。本来可以说,一只小小的苍蝇是不会影响击球的,但就是因为自己一时控制不住自己的情绪,最终输掉了比赛,甚至用一种更加不理智的行为结束了自己的生命。

在工作中亦是如此,每一个人都应该做情绪的主人,随时随地地保持冷静的态度。只有这样才能避免造成严重的后果。即便是一时难以左右自己的情绪,但也要在最短时间内迅速恢复理智,从而将对工作的损失降到最低点。

王斌是一家合资公司中的一个部门主管,王斌在这家公司已经十年有余了，自从前几年当上部门主管之后，就再也没有升职的机会了。为此，王斌非常纳闷，看着那些远不如自己的人一步地高升，心中像是打翻了五味瓶。

王斌家住在郊区，每天都需要开车上班。一天早上，他和往常一样，开着心爱的车去上班，没走多远，汽车轮胎就爆了。王斌生气的走下车，开始翻工具箱找千斤顶，可是他翻遍了工具箱也没有找到。

他看着路上来来往往的车辆非常生气，无奈之下只好给修理公司打了个电话，让他们先把车弄走了。而他自己只有搭公车去上班，这时恰逢上下班的高峰，路上开始拼命的堵车，马上就该到上班的时候了，可是王斌还被堵在路上呢。

王斌越想越生气，觉得自己怎么这么倒霉呢。好不容易到了公司，迎面而来的是一件件没有处理好的工作，刚刚耐下性子去处理工作，助理又打进来电话说："您约的客户马上就来了。"

这个客户是一个非常难说话的人，部门中的好几个人都对此人无可奈何。为了争取到更好的业绩，王斌只有自己硬着头皮去做。在谈生意的过程中，客户的问题越来越多、越来越怪，王斌最终忍不住吼了出来。

大吼一声之后，王斌觉得心情舒畅了一些，但同时也更加后悔，客户没了，合作的事情就要泡汤了。为此，经理严厉的批评了王斌，说道："你都来公司十年了，在这十年中，你的工作能力大家是有目共睹的，可是你看看你，为什么就不能学着控制点自己的情绪呢？这样下来，你还如何进行工作？如何领导你的员工？每次升职的时候，公司中的董事都会考虑到你，但同时又觉得你不适合做一个更好的领导，这主要就是因为你不能掌控自己的情绪。"

听完经理的谈话，王斌顿时哑口无言了。

在职场工作中，每一个人都会遇到很多难办的事情。面对无休止的工作，有的员工越来越烦躁；面对难缠的客户，有的员工忍不住和他们吵了起来；面对难度强大的工作，有的员工抱怨自己能力不行……一旦形成了这种恶性循环，这种情绪就会主宰你的命运，让你一步步地走向失败。

因此，无论是身处何种职务，只有学会掌控自己的情绪，做情绪的主人，积极地调整自己的心态，才能更好地投入到工作中，从而赢得灿烂的明天！

7 笑看工作中的挫折和失败

有这样一篇微型小说：

有一家非常有实力的跨国公司要招十名员工，经过很长一段时间的面试、笔试等筛选，公司终于从数千名中选出十名佼佼者。

发榜的这一天，一个名叫林聪的青年看到榜上没有自己的名字，悲愤欲绝的回到家中，他把自己关到屋子中，不吃不喝的过了两天，甚至都有了轻生的念头。

就在此时，从公司又传来好消息：林聪的成绩原来是名列前茅的，但是由于计算机出现了错误，导致林聪的名字不在其中。

听到这个消息之后，林聪非常高兴，正准备上班的时候，从公司又传来消息：林聪被除名了。原因很简单，公司的领导认为："如此小小的挫折都经受不了，这样的人在公司中是干不成大事的。"

虽然是一个很富戏剧化的小说，却深刻地揭示了一个道理：每个人在工作或者生活中，都会遇到各种各样的困难。当面对困难和挫折的时候，如果悲痛欲绝、痛不欲生，结果只能给自己带来更大的不幸和悲伤。相反，如果能够笑看工作中的困难和挫折，才能使自己变得更加强大。

世界成功大师安东尼·罗宾曾经说过："笑对挫折和失败，它最终也将会向你露出微笑。"每个人的一生中，都会遇到各种各样的困难和挫折，我们只有笑对困难和挫折，只有做到惭愧而不气馁、内疚而不失望、自责而不伤感、悔恨而不丧失，才能够在失败中踩出一条新路，才能摘到成功的桂冠。

同样的道理，一个人在职场中打拼，是不可能一帆风顺的，难免会遇到各种困难、挫折，甚至是失败。在此时，如何对待失败和挫折，则是检验优秀员工与平凡员工的一种最普通的方法。面对同样的失败，优秀的员工能够很快地从挫折中站起来，重新积极的投身到工作中；平凡的员工则会自怨自艾，抱怨自己如此倒霉；甚至有的员工还会在挫折之后一蹶不振，一下子将自己定义在失败的行列中。

罗峰是一家大型连锁超市的市场采购员，他在这个岗位上已经做了5年。在这5年中，罗峰对工作十分上心。每次去采购的时候，他都会做很多市场研究，并且他还能跟客户进行很好的沟通。因此，一直以来，罗峰的工作业绩都是非常不错的。

工作5年来，罗峰用自己的努力、细心，一点点赢得了公司和领导的信任。三个月前，罗峰终于被领导提拔为采购部门的主管。

谁知，主管的位子还没有坐稳，罗峰就捅了一个大篓子。原来是罗峰在工作的时候不小心将公司最大客户的信息弄丢了。无奈之下，只有到总公司去拿客户的备份资料。然而在第二天，他又一次将备份的资料丢了。如此一来，整个采购部门又要重新整理、审查客户信息，部门所有员工都陪着罗峰加班加点。对此，很多同事都有怨言，抱怨罗峰工作不小心，连累了大家。不仅如此，就连公司的领导，也因为这件事对罗峰的印象开始大打折扣。并且将罗峰主管的职务也给撤销了。

事后,罗峰觉得自己是最倒霉的人,勤勤恳恳的工作这么久,对工作如此努力,一心想要在工作上做出成绩,孰料就因为自己的一个错误,被领导打回原形。他觉得这件事让他非常没有面子,让他在公司的同事们面前抬不起头。

于是,罗峰每天心情都非常沉重,工作的时候也开始心不在焉了。有的时候,甚至将领导交代的任务做得一塌糊涂。没过两个月,罗峰的情况越来越糟,不但自己没办法工作,还影响到公司的利益。领导经过再三考虑,还是将罗峰请了出去。

罗峰面对失败只是一味的感觉自己的尊严受到了损害,觉得自己没面子。殊不知,在职场中的每一个人都会遇到这样的问题,如果每一个人都像他这样,一旦遇到失败和挫折就陷入苦闷之中、一蹶不振,这样既不能使问题出现转机,也会使自己越来越没信心,最后只能导致自己自暴自弃、走向失败。

挫折和失败是在所难免的,只有正视自己的失败,看到自己失败的原因所在,并从失败中唤回自己更多的勇气,促使自己发挥更大的潜力,并且进一步发挥自己的努力,才能够一步步靠近成功。

亚伯拉罕·林肯的一生跌宕起伏,遭遇过无数次的失败和挫折。

1832年,林肯失业了,虽然他非常伤心,但是他决定了以后当政治家。然而糟糕的是,在竞选中,他又一次失败了。

接着,林肯就开始创办自己的企业,但是不到一年,这家企业就倒闭了,并且欠下了巨额欠款,以至于他以后的17年中,不得不为偿还企业贷款而奔波。

随后,林肯再一次参加州议员的竞选,这一次他成功了。顿时,林肯觉得充满了希望,认为自己的生活将会出现好转。

可是接下来的日子中,他的未婚妻不幸去世,为此自己还得了神经衰弱症。

待他身体好转之后，他又去竞选议会议长，但是又一次失败了。

1843 年，林肯又去参加美国国会议员竞选，同样仍然是失败而归。

林肯虽然遭遇到了一系列的打击，但是他依然没有放弃。终于在 1846 年的时候，竞选上国会议员。

当上国会议员的林肯，工作非常出色，原以为自己能够连任的，孰料命运又一次开起了玩笑，他再次落选。

之后的林肯虽然又经过两次竞选的失败，但是他依旧没有认输。直到 1860 年，他竞选了 11 次，可只成功了 2 次。然而林肯一直没有放弃自己的追求，终于在 1860 年的时候，当选为美国总统。

林肯正是由于自己的那种笑对失败和挫折的精神，才促使自己一步步走向总统的宝座，受到人们的爱戴。在职场中，如果每一个人都能像林肯一样，勇敢的面对失败和挫折，就一定能够成为一个成功人士。

8 学会选择，勇于放弃

古人云："鱼和熊掌不可兼得。"这就意味着每个人都要权衡利弊，学会选择、勇于放弃。选择和放弃，是一种心态、一门学问、一种智慧，也是工作和生活中处处都要面对的关口。无数事实证明，只有学会选择、懂得放弃，才能够赢得精彩的人生、辉煌的成就！

对于一个职业人士来说，要想拥有成功的鲜花和掌声，就一定要当机立断、或者选择、或者放弃。一般来说，任何一个人都会有犹豫不决的顽症，这些人无法在思想上自立，在工作的时候常常受到他人观念的干扰，每当遇到事情的时候，他们便毫无主意，总是在得到别人的认可之后，才敢去做;每当需要选择的时候,他们常常会反复琢磨,反复比较可能带来后果的得失。

周刚在大学的时候,学习成绩非常好,被同学和老师公认为是最容易成功的学生。毕业的时候,周刚拥有很多种就业机会。但是他却对摆在面前的就业机会感到茫然无措。经同学的询问才得知,原来周刚不知道该选择哪一家公司好。

周刚反复琢磨了很久,终于选了两家大公司,这两家公司的实力都非常好,待遇也不相上下。于是,周刚左右徘徊,不知道该选择哪一家。他不停地征求别人的意见,将大部分的时间都浪费掉了。然而就在他摇摆不定的时候,这两家公司都找到了更合适的人选,周刚一下子失去了两个就业机会。

后来,一家大型保险公司看中了周刚,便向其抛去了"橄榄枝"。周刚来到这家保险公司之后,开始从基本的销售做起。在开始的一段时间,周刚凭着自己的能力,很快就取得了傲人的业绩,并且得到经理的认可和肯定;然而没过多久,周刚又一次陷入了两难困境,原来是另外一家保险公司想挖他去做销售主管。于是,周刚每天都把大部分的精力放在了这个问题上,在工作中也开始频频出现错误,给公司造成了巨大的损失,被公司炒掉了。原本周刚以为自己还可以去另外一家单位上班,却没想到那家公司在听到周刚的工作频频出现问题的时候,也断然拒绝了他。

经过一连串的打击,周刚已经变得毫无斗志,最后在朋友的帮助下,进入到一个小单位上班。

王涛的情况则和周刚恰恰相反。在学校的时候,王涛的成绩非常一般,但是一直以来,他都想把保险当做自己终身的事业去做。当他毕业之后去参加招聘会的时候,一家大型的电器销售公司给他开出了高薪,远远高于他所向往的保险公司的待遇。

面对极大的诱惑，王涛还是选择了保险公司，并且连续几年都坚持在一家公司工作。

经过两年的努力，王涛终于成为那家保险公司中的最优秀的销售员，成为老板最得力的助手。

正如文中周刚和王涛的经历，在现实职场中，优秀的人往往不如平凡的人更容易取得成功。究其原因，主要是在面对选择的时候，周刚总是犹豫不决，不知道如何舍取，从而让机会从身边白白溜走；而王涛却能在关键时刻当机立断、勇于选择、敢于放弃。

对于一个职业人士来说，不仅要在工作道路上敢于放弃各种诱惑，还要选对自己真正喜欢的职业。任何一个人，要想在事业上有所建树，就必须选对自己的职业，只有做自己喜欢做的事情，心情才会愉快，才会神采奕奕，才更容易达到成功；相反，如果一个人从事和自己兴趣爱好不相符的职业，就无法发挥自己的特长和潜能，很难走向成功，最终只能庸庸碌碌的度过一生。

郑军为了考取律师执照，夜以继日的苦读，不但弄得面目憔悴，就连视力也下降了不少。在考试的前几个月中，他足不出户，躲在自己租来的小屋中，一遍又一遍地研究那些法律书，或是做一些有关模拟试题。即便如此，几次考试之后，郑军依然没有通过。

为此，郑军万分苦恼。虽然说律师不是自己最喜欢的行业，但是当他看到自己的同学都已经拿到了律师执照，他也就来凑凑热闹。在报考之前，他原本以为是一件非常容易的事情，只要自己看看书就可以了。孰料，面对厚厚的书本，他没有一点精神，在看书的时候经常是心不在焉，感到非常吃力。

后来，在朋友的建议下，郑军开始重新考虑自己的专业方向。其实一直以来，郑军都比较喜欢那些富有创造性的工作。于是他结合自己的爱好，转变了自己的人生方向，以美化景色建筑师的身份进入了一家建造庭院的公司。经过郑军的努力，不到一年的时间，郑军的设计就在比赛中得到大奖，公司也因此开始重视郑军。没过多久，郑军就成为公司的总设计工程师，事业蒸蒸日上。

任何一个职业人士要想取得成功，首先就必须要选择自己喜欢的职业，放弃该放弃的。就像郑军一样，明明不喜欢律师，若是苦苦的追求，只会给自己带来痛苦和焦虑。因此，只有懂得放弃，选择自己喜欢的职业，才能发挥自己的特长，更好地实现自己心中的梦想。

放弃不是一种懦弱，是一种自我调整。只有学会放弃，才能使人生目标再次确立，一个有勇气放弃自己无法实现的梦想是睿智的表现。在职场中，只有懂得选择，敢于放弃的员工，才能够明确自己的奋斗目标，才更容易实现自己心中的理想；否则，只会像漂浮于海面的一艘小船，永远找不到前进的方向！

第九章　全“心”全意做优秀员工

在踏入公司的那一刻起，很多人都会对自己说“我要做最优秀的员工”，然而在残酷的现实面前，很多员工往往会和优秀失之交臂。其实，工作和生活是公平的，他们赋予我们每个人相同的机会。面对机会，如何成为一个优秀的员工，关键就在于自己如何来把握。

1 拥有一颗“忠诚心”,老板爱你没商量

美国之父本杰明·富兰克林说过:“如果说,生命力使人们前途光明,团体使人们宽容,脚踏实地使人们现实,那么深厚的忠诚感就会使人生正直而有意义。”忠诚是人类最宝贵的美德之一,忠诚的品格是世界上最重要的品格,它是一种凝聚力,是人类事业的灵魂。

同样,对于职场人士来说,忠诚是最值得重视的美德。对于任何企业来说,他们都需要忠诚的员工。尤其是在如今职场中,“我们需要忠诚的员工”已经成为众多老板共同的心声。正如一位人力资源部经理所言:“当我看到申请人员的简历上写着一连串的工作经历。而且是在短短的时间内,我的第一感觉就是他的工作换得太频繁了,频繁的换工作并不能代表一个人工作经验丰富,而是说明了一个人的适应性很差或者工作能力很低,如果他能快速的适应一份工作,就不会轻易的离开,因为换一份工作的成本也是非常大的。同时,频繁的换工作从另一个方面也证明了对公司的不忠诚,这样不忠诚的员工是没有公司愿意要的。”

在职场中,无论你扮演什么样的角色,高级管理人员,亦或是普通员工,每一个人都必须要忠于自己的公司。一般来说,员工对公司的忠诚度越高,就越容易获得公司的信任度,就越容易走向成功。

张振是一家大型公司的技术经理。张振不仅拥有过硬的技术知识,还是个管理人才。在工作中,无论有多么难的问题,张振都能带着他的技术员将其漂亮地完成。因此,张振在公司中深得老板的重视。

最近,公司正在与另外一家公司合作一项重要的技术。而这个合作项目正好是由张振来负责。一天,合作公司的有关人员请张振吃饭,几杯酒下肚之后,那人一本正经地对张振说:“最

近我们正合作的那个项目，如果你能把相关的技术资料提供给我们一份，将会对我有很大的帮助。"

"这样不好吧，"张振愤怒地说道，"这涉及到公司的机密。"

那人凑近了，低声说道："我不会亏待你的，"说着把一张50万元的支票塞给了张振，"这事只有天知、地知、你知、我知，对你没有任何影响。"

孰料，张振看也不看那张支票，就直接给他退了回去，愤怒地说道："不用说下去了，在我刚刚毕业的时候，我的公司给我提供了一个发展的平台，而如今，我更是不会背叛我的公司，我绝对不会做出这种出卖公司、出卖人格的事情。"

没想到那位合作人却大笑起来，欣赏地说道："好，这事儿就当我没说过，咱们继续喝酒。"

原来，那位合作人只是在试探张振，他和张振的经理是多年的老朋友。回到公司之后，那位合作人对张振的老板说："你真得了一个难得的人才，不仅技术、管理出众，更拥有高尚的人格。"

两家公司的合作非常愉快，张振在合作中的表现让老板非常满意。此后，老板更加信任张振，张振在公司的地位也日益上升。

在竞争日益激烈的社会中，这样的事例经常会发生。对于职场人士来说，诱惑既是一种陷阱，也是一种考验。只有在诱惑面前保持清醒的头脑，不为眼前的利益所动，仍然忠于原来的公司，才能得到领导的信任、赢得事业的辉煌。

杨丽是一家房地产公司的电脑打字员，她的办公桌就在老板办公室的隔壁，但是在工作的时候，杨丽很少看那边。她每天工作都很忙碌，并且要打印很多资料，但是她从来没有浪费过公司的一张纸。

一年之后，公司由于资金运作困难，面临着倒闭的危险。很多员工看到这一情形，纷纷跑到老板办公室索要工资，当他们拿到工资之后，纷纷跳槽了。经理送走离职的员工，发现办公室中，杨丽还在忙碌着工作。经理惊讶地来到杨丽身边说："他们都选择了离开，你为什么还要留下来呢？难道你不知道这意味着什么吗？"

"不，虽然咱们公司陷入了困境，可是这时候也是最需要我的时候，这个时候我不能离开公司。"杨丽坚定地说道。

此后，办公室就只剩下杨丽和经理。因为同事都已经走了，所有的工作量都压到了杨丽肩上，她不仅要打字，还要负责接听老板的电话，帮助老板整理资料等。

在整理资料的过程中，杨丽发现公司还有一个项目没有做，而这个项目恰恰可以使公司起死回生。第二天，她走进了办公室，告诉了经理："只要我们将这个项目好好地完成，不仅能够收回损失，还可以拥有一部分资金，让公司重新开始运作。这个是我为那个项目做的策划方案，您先看一看。"

经理看到杨丽做的方案非常完美，于是就将这个项目交给了杨丽负责。两个月后，项目顺利地完成，杨丽为公司拿到了3800万的支票，使公司重新进入正常的运转。

在以后的几年中，杨丽一直和经理并肩作战，帮助公司做成了好几个大项目。同时杨丽也一步步成为公司的副总。

任何一个公司，都有可能会出现困境，而这个时候又是考验员工忠诚与否的最佳时刻。像杨丽这样的员工，即便是在公司处于艰难的时候，也能保持不离不弃的态度，这样忠诚的员工，自然会得到领导的眷顾，自然会成为领导的左膀右臂。

公司是一条船，当我们踏进公司大门的那一天起，我们就成为其中的一员，这就注定了我们要与公司共舟共济、荣辱与共。每一个员工，都是企业中的一个重要的组成部分，只有大家忠于公司，公司才会得到发展，进而员工才会得到更好的利益。

2　一点点忠诚胜于更多智慧

对于职场人士来说，智慧和勤奋必不可少，是职场人士最珍贵的东西。同样还有一种东西更为珍贵，那就是忠诚。在这个社会上，有能力有智慧的人非常多，也不乏勤奋好学的员工，但是既有智慧又有忠诚的员工却越来越少。

在职场中，老板最为欣赏的却是既有智慧又有忠诚的员工。对于老板来说，员工的智慧和能力并不能代表一个人的内在品质，而忠诚则比智慧更有价值。因为在一家企业当中，真正由员工来做决策的大事很少，只是需要各级员工用忠诚和行动将决策落实到行动中。因此，只有那些忠诚的人，才能为老板所信任，才能给企业创造价值，进而实现自己的人生价值。

从某种意义上来讲，忠于自己的企业就等于给自己创造价值。相反，如果缺乏忠诚感，就无法在职场中立足，任何一个老板都不会将一个随时会背叛自己的“狐狸”放在身边，即便他拥有超人的智慧，因为缺少忠诚的品质，一旦发生危险，他势必会离开老板和企业。

王丽在一家图书销售公司工作，刚进公司的时候，王丽工作非常努力，再加上王丽非常聪明。不久王丽的业绩便在公司遥遥领先。

王丽突出的成绩、过人的能力深受老板的器重。不久，公司为了扩展经营项目，开辟了一个新的领域，就是筹建自己的图书数据库开发和网上营销工作，公司为此投入了大量的人力、财力，并让王丽全权负责这个项目。

刚开始的时候，为了不辜负老板的期望，王丽不辞辛苦的加班加点，通过王丽和同事的共同努力，新项目渐渐地步入了正常的轨道。为此，公司的新市场也得到了开发，公司还特意为王丽加薪。

新项目落实之后，王丽在公司的地位日益上升，在公司主要负责新技术的开发和研究。一次，王丽在和另外一家公司合作的时候，合作伙伴请王丽吃饭，酒过三巡之后，那人直言对王丽说："最近我们两个公司正在合作，如果你能把相关的技术资料给我公司提供一份，将对我们有很大帮助。"王丽皱了皱眉头说："这样不好吧，涉及到公司的机密……""放心吧，不会亏待你的。"那人说着将一张支票递到了王丽的手中。

王丽看着手中的支票，就心动了，于是就将公司中的技术秘密告诉了合作方。结果在谈判合作的时候，王丽所在的公司损失极大。

老板一气之下，不但将王丽辞退了，就连王丽所受的支票也被公司追回作为赔偿。

王丽原本是一个聪明的人，凭着自已的努力和智慧，为公司新市场的发展立下了汗马功劳，但由于缺乏忠诚，在诱惑面前没有把持得住自己，最终使自已人财两空。在职场中，任何一个不负责任、随时背叛公司、出卖公司利益的人，都不会得到老板的重用，无论他拥有多大的能力和智慧，如果让他们留下来只能是隐患，谁知道他们以后还会不会出卖公司。

和智慧相比较起来，忠诚往往更能赢得老板的青睐。无论什么时候，企业需要的永远都是忠诚的员工。一个员工只有以公司为家，对公司保持忠诚，才能在工作中尽心尽力、尽职尽责，才能和公司一同发展，才会在公司遇到危难时和公司一同进退。

很多时候，员工的忠诚可以挽救一家企业。朗讯 CEO 鲁索曾经就说过："我相信忠诚的价值，对企业的忠诚是对家庭忠诚的延续，我从柯达重回朗讯，承担起拯救朗讯的重任，这是我对企业的一份忠诚。我一直把唤起员工对企业的忠诚作为自己努力的目标。"

于飞是一家企业的业务部副经理，刚刚上任不久，就凭着自己的能力创造出了骄人的业绩。然而就在他事业刚刚走向辉煌的时候，于飞却辞职了。

于飞辞职之后，找到自己的一个好朋友，在酒吧中，于飞喝的烂醉，他对朋友说："你知道我为什么会离开公司吗？""不知道"朋友回答。"因为我犯了一个错误，我为了获得一点小利，失去了作为员工最重要的东西。虽然董事长并没有追究我的责任，也没有将我的事情公开，但我却再也没有脸在公司待下去了，我现在真的很后悔，你以后千万不要犯我这样的错误啊。"于飞醉醺醺地说道。

原来事情是这样的：于飞在当业务副经理的时候，曾经收到一笔款子。正当他要记账的时候，业务经理走过来说这笔款子可以不记账了，说以前大家也这么做过，没什么关系的。于飞虽然觉得事情非常不妥，但也没有拒绝经理，在半推半就中拿上了10000元的好处费。更戏剧化的是，没过多久，业务经理就辞职了。而后来，董事长也逐渐地发现了这笔款子的事。

董事长虽然没有说什么，也没有将于飞辞退，但于飞明显感觉到董事长已经不再信任他了，很多重要的事情也开始交给别人来代替。面对这种情况，于飞只有深深的悔恨，始终觉得自己对不住董事长，认为自己失去了作为员工最重要的诚信，于是他也离开了公司。

在职场中，任何一个员工，不论什么原因，只要一旦失去了对公司、老板的忠诚，就失去了他们对自己最基本的信任，从而丧失更多的东西。然而在现实职场中，有很多于飞式的员工，他们为了一点蝇头小利，忽视了自己的忠诚，从而使自己背负上一个不忠诚的十字架，成为自己人生和事业中永远都无法抹去的污点。

在职场中的任何一个人都应该明白：即便是没有过人的能力和智慧，只要拥有忠诚，就一定能够在企业中找到适合自己的位置，进而发挥自己的特长，实现自己的人生目标；相反，如果没有忠诚，即便是拥有过人的能力和智慧，也不会被企业青睐，更不会得到任何发展的机会。因此可以说，一点点忠诚远远胜于更多的智慧！

3 告别“人在曹营，心在汉”

俗话说：“吃着碗里的，看着锅里的”、“这山望着那山高”，心情浮躁，只会让人一事无成。相反，如果能够做到“既来之，则安之”才能够心平气和的做事，才能更容易获得成功。

在职场中更是如此，任何一个员工，如果在工作中经常是这山望着那山高，不能把全部心思放在工作上，就永远无法达到自己预想的目标；相反，如果能够在公司中恪守本分，静下心来好好工作，就一定能够做出成绩，得到老板的重用。

在当前社会，“兼职”已经成为一部分人奉行的“生财之道”。在现实生活中，很多人为了追求更高的收入，逐渐投入到兼职的行业中，越来越多的人开始“脚踏两只船”，开辟“第二职业”，希望通过这个方法为自己增加额外的收入。

然而，员工在做兼职的时候，势必会消耗很大一部分时间。再者，每一个人的精力都是有限的。这样一心二用，必然会顾此失彼，自然不能将全部心思用在工作上，无法全身心地投入到工作中。于是，面对公司布置的工作，只能敷衍了事。

小周在一家网络公司上班，由于平时花钱大手大脚，工作两年下来都没有什么积蓄。最近小周新交了一个女朋友，两个人的感情非常好，都已经到了谈婚论嫁的地步。然而，在结婚面前，小周才发现自己囊中羞涩。但是他的工资又是固定的，对此，小周非常的无奈。

没过多久，小周的一个朋友就打来电话，说是请小周吃大餐。在吃饭的时候，小周将自己的困惑告诉了朋友。没想到朋友却给小周指了一条增加收入的道路——炒股。

于是，小周开始跻身股市。刚开始的时候，小周还能控制自己，上班的时候就专心的工作，下班开始炒股。但没过多久，小周就整日沉浸在股票的跌跌涨涨中，上班的时候也三心二意，甚至有时候在上班的时候还要偷偷地看一看股市行情。

虽然小周明白他违背了公司的规定，但是小周又心存侥幸心理：只要不被老板发现，就应该没什么问题，他自以为警惕性非常高，一旦看见老板走向这边，他迅速地就将电脑画面切换到工作上去了。

有一段时间，小周发现老板一直没来，小周以为老板到外地出差了。于是，在老板“出差”的日子中，小周更加放心、大胆的忙活开了。有一天，正当他看得起劲的时候，忽然看见老板站在他背后，正冷冷地看着小周，小周不由地心底发慌。然而老板什么也没有说，转身就走进了办公室。

当天下班的时候，小周就被请到了财务室，结算完当月的工资，离开了公司。

在职场中，有许多小周式的员工，为了某方面的需求，开始频频地做兼职。在很多公司，第二职业是不被允许的，因此，很多员工在做兼职的时候，经常是偷偷摸摸的，这样一来，势必会影响到正当职业的办公效率，哪怕你工作再勤奋，一旦被老板发现，也会给老板留下不务正业的印象。正如一位公司老总所言：“如果我发现我的员工有兼职行为，我绝对不会重用他，甚至会辞退他。因为这是他对公司不忠诚、对领导不尊重的表现。”因此，任何一个员工，在工作的时候，一定要将全部心思放到工作上，千万别“身在曹营，心在汉”。

在职场中，每一个人都会遭遇到很多事情。尤其是在面对突然而来的变故时，例如企业的倒闭。很多人一听到这个消息就开始慌乱，他们即使还在公司，但也会利用最后的一点时间，赶紧为自己寻找新的出路，而对自己眼下的工作却不闻不问；也有的人依然能够安稳的做自己的工作。

田涛在一家知名公司的一个部门工作。最近，公司由于经营不利，造成了生产项目滞后和浪费，为了公司能够继续发展，公司不得不宣布大规模的裁员和削减项目。在公司的裁减中，田涛所在的部门就是其中的一个。

消息很快就传开了，不久，田涛所在部门的所有员工都开始了本职工作的任务交接。在这个时候，整个部门人心惶惶，大多数人都没有心思再继续工作了。他们有的人开始在工作时间上网投简历，有的人利用手中的便利，在公司谋取利益，也有的人利用公司的电话和朋友聊天，拜托朋友帮自己找一份工作，甚至有的人利用自己以前工作上的业务关系，开始和其他老板套近乎……

在这种形势下，田涛仍一如既往的工作，像什么事情也没有发生一般。他每天照常上班，认真工作。看到田涛的做法，很多同事都不理解，甚至有的人还劝说田涛：“部门马上就要解散了，你还做这些干什么啊，你看看大家都开始为找工作忙了，你也别这么死脑筋了，挪挪地方，免得在一棵树上吊死。”听到同事的劝说，田涛笑着说道：“事情还没到最后关头呢，既然拿着公司的工资，就应该将自己的心思全部放到工作上，不能想别的事情。只要部门还没裁减，我就要尽心尽力，做好自己应该做的事情。”

田涛的行为被公司其他部门的一位主管看在眼里，他为田涛的精神所感动。于是，这位主管找到人事部经理，以部门人手短缺为由将田涛要了过去。

没过多久,项目部解散了,其他人也四散而去。唯独田涛被挖到别的部门继续工作。

在工作中,每一个人都会遇到类似的事情。当事情发生时,只要能够审时度势,多一点踏实,少一点浮躁,只要告别了"身在曹营心在汉",就一定能够牢牢的抓住工作,从而实现自己事业上的辉煌!

4 随意跳槽就是践踏忠诚

在当前职场中,很多员工的心态非常浮躁,经常是工作不如意就跳槽、人际关系没搞好也跳槽、薪水没有达到自己预期的目标还是要跳槽,在这些人的眼里,总觉得下一个工作会比这一个工作要好。于是,他们不停的跳槽。正如某些人所描写的:"他们 3 天没有达到自己预想的目标,便怀疑自己是不是选错了单位;6 个月没有得到提升,便怀疑自己受了亏待;一年没有加薪,便怀疑自己是不是已经没有前途。"

尤其是在当前社会,由于网络信息高度发达,人们可以通过很多途径得到信息。因此,找工作相对也方便了很多。与此同时,在今天,工作的选择机会也逐渐增加了。因此,对于这部分爱跳槽的人来说,换工作已经成了家常便饭。

员工走马观灯似的换工作,不仅仅给企业造成了极大的损失,同时也影响了自己的前途。一家大型公司的人力资源部经理就曾经说过:"我最担心的一件事就是,我们辛辛苦苦为企业培训的员工,一转身就跳槽了。"可以说,员工的跳槽最直接的受害者就是公司。当员工刚刚进入公司的时候,拿着公司给的薪水,但却不能为公司创造出价值。而当他具有了一定经验,能为企业创造价值的时候,却突然跳槽离开。这样一来,必然会对公司造成相当大的影响;然而,当你在跳槽的时候,也伤害到了自己。一个经常换工作的员工,在工作中经常会出现"这山望着那山高"的心态,这样的人在工作中会降低领导对其信任度。频繁的跳槽只会降低自身的价值,还会给人留下一种不忠诚的印象,这样一来,极容易影响到自己的前途。

苏童刚刚毕业一年,却已经连续跳槽6次。在这一年之中,累积待业时间比工作时间还要长。无论苏童到哪个公司,他看到的都是一堆毛病,到哪里对工作都没有兴趣。经常是干了没几天就觉得不合适,然后就辞职不做了。

就这样,一年之后,苏童就慢慢地失去了以往的那种努力上进的心。在工作中一遇到困难,首先不是从自己身上找原因,想着该如何去解决,反而是去逃避。

还有一个外号叫做"跳跳糖"的员工。最开始在学校教学的时候,他嫌工作太累,而且工资又少,于是辞职去了另外一家公司;进入公司之后,他的收入提高了,于是他精神焕发,积极的投入到工作中去了。然而,好景不长,没过多久,他就对公司中的紧张气氛感到了厌倦,尤其是突如其来的加班,更是让他难以适应。于是,他又辞职不干了;此后的他还是继续找工作,找到之后,总是因为各种困难而辞职。在短短的三年中,他就换了五个工作。

很多喜欢跳槽的人认为:"没有跳过槽的人是没有价值的人。"但殊不知,在频繁跳槽的同时,不但丧失了职业技能上的持续累积,也失去了个人对公司的忠诚。试想,哪一个公司会喜欢一个经常跳槽的人?这样的员工,只会让公司有危机感,这种没有忠诚感的员工是不会得到企业的青睐的,哪里还会有什么价值呢?

一家大公司的人力资源部经理曾经说过:"这样频繁跳槽的人,不能给人以安全感和信任感。一个什么工作都做不长久的人,让人想到不会是公司的问题,而是他个人的问题。第一,他的工作能力值得怀疑;第二,他对企业的忠诚度值得怀疑;第三,不能肯定他会在我们公司工作多长时间。因此,这样的人在录用的时候需要再三考虑。"

赵强在一家房地产公司担任销售主管，深得老板的信任。然而在最近两年中，由于市场竞争激烈，赵强所在公司受到冲击，原来开发的楼盘一下子开始滞销起来。

赵强作为公司的一名销售主管，为了公司的发展，他给老板提出过很多建议。但由于各方面的因素，赵强所提出的建议未能付诸实践。于是，公司的经营状况一天比一天差，最后员工的工资也开始大幅度的降低。

为此，很多员工感到危机之后都纷纷选择了跳槽。赵强虽然是公司的主管，但是也开始浮躁起来。一天，赵强和一个朋友在酒吧喝酒，在闲聊的时候，好友向赵强提供了一条信息：说某家房地产大公司也正在招销售主管，而且待遇也是现在的好几倍，并且好友和那家公司的人事经理认识，只要好友提前给打个招呼，赵强马上就可以去工作了。

好友的一番话，让赵强心动不已。于是，一时冲动之下，赵强就向公司提交了辞呈。

不久，赵强就来到这家新公司，他依然是销售主管。但是让赵强气愤的是，在这家公司中，老板似乎并不重用他。刚开始的时候，赵强认为自己初来乍到，老板可能会对自己有所保留。然而半年过去了，领导依然没有重用他的打算。

同时，在这半年中，赵强的工作也是阻力重重。进入公司之后，由于很多手下的同事不合作，即便是他做出了周密的计划，下属却百般刁难，严重影响到了业绩。

赵强的业绩让新老板非常生气，给他下了最后通牒：“限你一个月时间，改变这种时局，否则就另请高就。”赵强眼看无力回天，只有将一份辞呈放到了老板的办公室。

就在这时，他听说自己原来的公司又找到了一家资本更强大的公司，通过资源整合，东山再起，现在已经成了房地产行业中的领头羊。而公司中那些原本不如自己的销售部人员，已经

成了部门经理。

在工作中，像赵强这样的人很多，在公司出现困境的时候，经常是采用跳槽的方式来化解自己的危机。等到了其他公司之后，却因为不忠诚得不到新老板的重用、同事的信服，从而也无法实现自己事业上的辉煌。

很多企业的领导都认为，员工的频繁跳槽恰好说明了他们的不成熟、不忠诚，这样的员工是没有公司愿意录取的。因此，作为一名员工，一定要认清楚自己的工作，不可随意的跳槽，否则就永远无法实现自己的人生价值！

5 备有一颗“感恩心”

一家企业的老总由衷地说过：“我们企业倡导的是‘忠、孝、仁、义、礼、智、信’的理念，孝排在第二位，这恰恰说明感恩之心、孝顺之心的重要。企业也是一所学校，在追求利润、不断壮大的同时，更应该承担起相应的社会责任。有了感恩的心，才能做好感恩的事业；有了感恩的员工，才会有感恩的企业。”

在当前职场中，每一个员工都应该学会感恩。因为工作带给我们的，远远比我们所付出的要多得多。如果将工作看作为一种积极学习的经验，每一份工作中都包含着许多个人成长的机会。因此，我们每一位员工都要学会感恩，感谢工作给予我们的一切。同时，员工只有常怀一颗感恩的心，才能积极、热情地投入到工作中，才能取得更大的成功。

在职场中，会感恩的员工才最容易得到企业的青睐。任何一个员工，只有懂得了感恩，才会懂得去感谢一个组织，才会感谢那些曾经帮助过自己的人，才能感谢公司所赋予自己的工作，只有这样的人才会得到企业的欢迎。

有个年轻人，大学毕业后，信心十足的来到一家合资公司应聘。为了得到这份工作，年轻人做了充足的准备。孰料，负责招

聘的考官却问了他一个貌似无关的问题:"请问你给你母亲洗过脚吗?"年轻人一时想不出考官的用意,只能如实的回答说:"没有。""那我希望你下个礼拜再来面试,但有个条件,回去必须做一做。"考官接着说道。年轻人回到家中,把面试的过程详详细细的告诉了母亲,母亲为了能让孩子进入这家公司工作,就成全了儿子的愿望,把自己的双脚伸进了儿子刚刚端来的洗脚盆中。当年轻人第一次抚摸母亲那粗糙的双脚时,眼泪忍不住流了下来……他想起自己的大学学业不就是靠母亲四处奔走、为人打工赚钱完成的吗?此后的一周,年轻人每天都给母亲洗脚,似乎已经成了一种习惯。一个礼拜之后,年轻人又一次踏进了面试的办公室。那位考官问他:"回去做了没有?"年轻人点了点头,"我们公司这么要求你,有意见吗?还愿意来这里工作吗?"主考官继续问。年轻人回答说:"公司能不能录用我已经不是最重要的了,最最要的是我学到了大学中没有学到的道理,我也非常感谢公司,因为你们让我明白了做人的道理。"这时,主考官面带笑容的握住了年轻人的手,说道"欢迎你成为公司的一员!"

洗脚虽然是一件非常小的事情,却蕴涵了深刻的感恩文化。毫无疑问,让年轻人拥有一颗感恩的心是故事中主考官的用意所在。在企业家看来,任何一个人,只要拥有一颗感恩的心,生活在他眼里就是美好的,而这样的人自然能将工作视为上天的馈赠,全身心、无怨无悔地投入到每一天的工作中,而这样的员工又怎么不是公司里最受欢迎的人呢?

一家外资公司正在招聘,在众多的面试者中,有两个人脱颖而出。但由于公司只要一个人,为此,主考官单独约见了他们两个人,并问了他们同一个问题:"你觉得你以前的那个工作怎么样?"

第一个人想了想,抱怨地回答道:"非常糟糕,同事们都非常吵闹,主管领导更是天天找事,非常不人道,没想到我竟然在那样的环境中度过了两年。"

第二个人面对主考官的问题，不假思索的回答到："虽然我以前工作的哪个公司非常小，甚至都没什么名气，但是管理却非常规范。并且我在过去的一年中，也在那家公司学到了非常多的东西，因此，我现在非常感激我原来的那家公司。"

不用想我们都知道，在这场面试中，第二个人肯定会赢得这份工作。在职场中，任何一份工作，任何一种工作环境，都会给我们带来不少的宝贵经验。同时，企业又为每一位员工提供了广阔的发展空间。因此，作为一个员工，无论从事何种行业，无论职位的高低，都应该具有感恩之心。作为一位员工，只有懂得了感恩，才能提升自己的魅力和价值；只有常怀感恩之心，才能赢得企业的青睐；只有常怀感恩之心，才能走向成功！

杨杰是一家电脑公司的程序员。一次，在工作中杨杰遇到一个难题，他想了半天也不知道该如何解答。就在这时，他的一位同事走了过来，看到杨杰正在冥思苦想，就主动过来帮他。

在他们两个人共同解决问题的时候，同事不经意的一句话使杨杰茅塞顿开。于是，工作很快就完成了，杨杰非常感谢同事对他的帮助，事后并请同事一块喝酒吃饭，在吃饭的时候，杨杰由衷的感谢同事说："我非常感谢你在工作时对我的帮助……"

此后，杨杰和这位同事的关系更加密切了。在工作中，经常互相帮助。不仅如此，杨杰还用一颗感恩的心来对待其他的同事，很快就赢得了众人的帮助。

而杨杰也在众人的帮助下，在工作上取得了很大的成就，受到了领导的重视。一年之后，就被提拔为公司的主管。

在杨杰被提拔为主管的时候，杨杰颇有感触地说道："我今天之所以会有如此的成绩。完全是由于感恩，是感恩的心态改变了我的人生。因为我对工作和帮助过我的同事充满了感恩之情，因此，我在工作的时候非常愉快，所获得的帮助也很多，工作也因而更加出色！"

对于职业人士来说，只有学会感恩别人，才能得到他人更多的帮助，自己才最容易取得成功。正如心理学家所说的“互酬互动效应”，只有对自己的同事、老板、朋友、家人的帮助表示感谢的时候，才能得到他们更多的信任、支持和帮助，才能发展自己。

因此，作为一个职场人士，永远都要心怀感恩，哪怕是遭遇到挫折的时候，也不可将感恩的心态抛至一边。当领导批评的时候，应该感谢他的教诲；当遭遇失败的时候，应该感谢失败给了我们宝贵的经验……只有这样，我们才会发现幸福，发现成功。

6　“责任心”让你不可替代

松下幸之助曾经说过：“责任心是一个人成功的关键。对自己的行为负责并勇于承担这些行为的后果，这种素质不仅是企业最基本的需要，即使到社会上，这样的人也大受欢迎。”在职场中，任何一个人，无论你从事什么样的工作，都必须尽可能地将自己的工作做好，只有心怀一颗责任心，才能成为公司最优秀的员工。

在当前社会，很多企业在招聘的时候，往往青睐于那些具有责任心的员工。深圳海王集团股份有限公司董事长张思民在听说中央和教育部联合实施大学生西部志愿服务计划的时候，不仅拍手叫好，并且当即决定“先预约 200 个名额，欢迎这批从西部回来的学生到海王集团工作。”他对此解释说：“一个愿意到西部做志愿者的人，一定是对社会、对自己有着高度责任感的人，对企业而言，有责任感的员工是最好的员工！”

在职场中，责任心是一个优秀员工所必备的重要品质。不要觉得自己只是一名普通的员工，就觉得自己没什么责任可言。在工作中一旦丢掉了责任心，就会酿成惨重的后果，不仅会给公司带来影响，还会影响个人的发展前途。

小洁是一家医院的实习护士。在整个实习期间，小洁一直都非常努力，希望实习期满能够顺利地留在医院中工作。

一次，小洁跟医生在进行一次大手术，手术完成的十分顺利，就在大夫缝伤口的时候，小洁说道："大夫，您取出了十二块纱布，而我们用的则是十三块纱布。"

"我都已经取出来了。"大夫肯定地说，"我们现在必须马上缝伤口。"

"您不能缝伤口，现在还有一块纱布留在病人的肚子中，我们必须将它取出来。"小洁坚持地说道。

"我是医生，一切听我的指挥，缝伤口，出了问题我来负责。"医生严厉地说道。

"不能缝，我们必须得为病人的生命安全负责。"小洁喊道，并且挡在了病人的前面。

出乎小洁的预料。大夫微微一笑，摊开他的手，手心中握着的正是第十三块纱布。大夫欣慰地说道："你是一位负责人的护士。"

手术完毕之后，小洁顺利地留在医院工作。事后，小洁才明白，那是一个故意的考验，主要就是看看小洁有没有责任心，能否做一个合格的护士。

在职场中，责任心更是一种应有的品质，一种良知。如果护士都能够像小洁那样，为病人的生命安全着想，在工作的时候拥有高度的责任心，那么在医院中就不会出现误诊等事情。试想，如果一个护士不具备责任心，那么她在工作的时候一定是漫不经心，这样的人怎么能够给病人带来安全呢？

对于所有的职场人士来说，不论你从事何种行业，只要选择了这份工作，就必须承担起这份责任，只有对工作负责，将责任心根植于内心，才能成为最优秀的员工。海尔的一位优秀员工曾经说过："我会随时把我听到的、看到的对我们海尔公司产品的意见记下来，无论是在朋友的聚会上，还是走上街听到陌生人说的话。因为作为一名员工，我有责任让我们的产品更好，有责任让我们的企业更成熟、更完善。"

林爽是一家电冰箱厂的一名普通的员工。有一次下班回家之后，突然觉得在下班之前最后装的那一台冰箱中，好像没有来得及放说明书。林爽想了半天，也不确定。为此，林爽感到十分不安。于是，林爽决定去公司看看清楚。当时已经非常晚了，公交车已经没有了，况且工厂和林爽的家非常远。但是林爽实在放心不下，最后骑着自行车，花了一个多小时才到了公司，当她仔细查看清楚，确认说明书已经放进去了之后，她才松了一口气。就在她刚要离开的时候，被回工厂拿东西的经理发现了。当经理听完林爽的解释后，非常满意地点了点头。没过多久，林爽就被经理提拔为车间的领班。

小王从技校毕业之后，到一家商场工作。工作中他主要负责保修期内的家电维修。一次，小王下班回到家中，刚刚打开电视机，手机就响了。里面传来一位顾客的声音：“我刚买两个月的电视机出了故障，你看能不能赶紧过来给我修好啊，今晚我还想看球赛呢。”虽然小王已经下班了，但是听到顾客的要求，小王还是毫不犹豫地去了。一到顾客的家里，小王顾不得身上的汗水，就开始检查电视机，经过一个多小时的紧张工作，小王终于将电视机修好了。当顾客打开电视机的时候，球赛还没有开始，对此，顾客十分感激小王，小王却推辞道：“这是我们公司的责任，你不用客气。”后来，这件事情被商场的经理知道了，经理特意表扬了小王，并在一年后，提拔小王为公司的技术主管。

在职场中，每一个人只有时刻铭记自己的责任，牢牢地将责任锁在心头，就一定能够成为最优秀的员工。同样对于企业来说，只有员工拥有了高度责任感，才能保证企业的信誉，才能提高公司的竞争力，从而为员工提供更好的发展平台，帮助员工实现自己事业上的辉煌。

因此，无论你从事什么样的工作，无论你的职位有多么低，只要在工作中将责任心根植于内心，就一定能够成为企业中不可替代的人。

7 树立责任意识,懂得担当才优秀

一家大型企业的总经理曾说过:“经济发达的当今社会,真正的勇者不再需要那些堵抢眼、炸碉堡的人,现代社会的勇者应该是那些在商海中沉浮、打拼,勇于负责,敢于担当责任的人……我们唾弃那些一出现问题就要找理由推诿、不敢正视问题、无端指责、百般抱怨、满腹牢骚、推卸责任的小人。”

在工作中,每一个人都难免会遇到各种问题或者困难。然而当问题发生后,优秀的员工则是主动承担责任,然后积极想办法解决出现的问题;而平凡的员工则是全力寻找推卸责任的借口,他们会为之找到各种各样的理由,诸如:“客户太挑剔了,否则早就成交了”、“经理没有布置清楚”等。这种在遇到困难不敢担当的员工,在他拼命找借口的时候,也降低了领导对他的印象分。可以说,这样的员工在公司中是不会有更好发展的。

对于任何一个公司来说,老板最为欣赏的就是那些敢于担当责任的人。因为老板需要的是问题的解决方案,而不是相互推诿的回避责任。因此,只有敢于承担责任,积极寻求解决办法的员工,才能赢得领导的青睐,受到公司的重用。

张强和李明是一家快递公司的两名新员工。在刚进入公司的前几个月,两个人都非常卖力的工作,并且工作一直都非常认真,没有出现过任何差错。因此,老板对他们的工作很满意。然而,在后来两个人的一次合作中,老板改变了对他们的看法。

有一天,老板让张强和李明负责将一件大宗邮件送到码头,因为这个邮件非常重要,里面装的是一个古董,因此在他们出发前,老板千叮咛万嘱咐:“你们一定要小心,千万不要出现任何差错。”

两个人上路之后,在半路上却发生了意外,货车坏在了半路上。这时，张强埋怨道：“怎么办，你出门之前怎么不把车检查一下，如果不按规定时间送到，我们要被扣奖金的。”“没关系，”李明安慰道：“我来背吧，我的力气大，并且距离码头也没有多远了。而且这条路上的车特别少，等车修好，船就开走了。”“那好吧，你背吧，反正你比我强壮。”张强说。

李明背着邮件，一路小跑，终于按照规定的时间达到了码头。这时，后来跟上来的张强说：“我来背吧，你去叫货主。”张强一边说，一边得意地想：“如果货主看见我把货物背过来的，一定会告诉老板，这样老板肯定会表扬我，没准儿还会为我加薪呢。”张强只顾着想好事了，当李明将邮包提给他的时候，他却没有接住，邮包摔在了地上，古董也随之变成了碎片。

“你怎么搞的，我没接你就放手。”张强大喊。“可是你明明伸出手了，我递给你，是你没接住。”李明解释道。

两个人心情非常沉重地回到了公司，知道接下来肯定是老板的一顿批评。果然，当他们将事情告诉老板后，老板大发雷霆。

“老板，不是我的错，是李明不小心弄坏的。”张强趁着李明不注意，偷偷来到老板的办公室，对老板说。老板平静地说：“谢谢你，我知道了。”

随后，老板把李明叫到了办公室。“李明，到底怎么回事？”老板严厉地问道。李明就如实的将事情的原委告诉了老板，最后李明说：“这件事情是我们的失职，我愿意承担责任。另外，张强的家境不太好，如果可能的话，他的责任我也来承担。我一定会弥补上我们的损失的。”

张强和李明在忐忑不安中度过了好几天，终于有一天被老板请到了办公室。“公司一直对你们非常器重，想从你们当中挑选一个人做客户经理，没想到出现了这样的事情。不过这也很好，让我更清楚的认识了你们。所以我现在想说，我们决定让李明来担任我们的客户经理，因为你是一个敢于担当责任的小伙子；而张强呢，则非常抱歉，请你去财务室结算一下工资，就可以离开了。”老板慢慢的说道：“其实你们那一天的事情，货主已经在码头上看的很清楚了，他向我说明了事情的经过。”

在职场中，任何一个领导都会喜欢李明那样的员工，只有敢于担当责任，不给自己的过错找借口的员工，才是老板最信赖的员工。在工作中，每一个人都可能会出现错误，正所谓“人非圣贤，孰能无过”，但出现错误之后只有那些敢于担当的员工，才能积极的抓住问题去解决。

小林大学毕业之后，在一家工厂做技术员。进入工厂之后，小林积极地向各位老师傅学习，通过两年的磨练，小林在工作上取得了一定的成绩，被公司提拔为车间副主任，主要负责车间的生产技术工作。

当上车间副主任之后，小林的心态来了个180度的大转弯。此刻，小林渐渐的滋生出一种自以为是的心态，总觉得自己了不起，看不起别人，也不尊重别人的意见。

有一次，车间的生产线出现了一些问题，产品质量也受到了影响。有员工跑来向小林反映了情况，小林立刻跑到车间，看了看就断定是某一道工序中化学原料的配比不合适。小林认为，在用新的一家企业提供的原材料后，原有的配比必须改变。根据他的意见，工人们做了调整，但情况仍不见好转。

就在此时，工厂里的另外一位技术员却提出了不同的见解，他认为问题并不是在新原料或原料配比上，而在于设备本身。

对此，小林虽然从内心觉得技术员的看法很合理，但是又想自己是负责车间技术与工艺的领导，如果让别人知道自己判断失误，反而不如一位普通的技术员，这样岂不是太丢面子了。于是，为了顾全自己的面子，他继续坚持自己的看法，没有对设备本身进行必要的维修和调整。一个月后，由于机器设备的进一步损坏，问题不可避免的爆发了，并且给公司造成了巨大的损失。

在一片责备中,小林羞愧地向公司辞职了。

如果当初小林能够听从技术员的意见,勇敢地面对自己的失误,承担自己该承担的责任,就一定能够避免今天的结局。众所周知,"人非圣贤,孰能无过",如果小林当初能够承担错误,不仅不会让同事瞧不起,还会让大家觉得自己是一位勇于改正错误、有胆识的领导,反而会赢得更多的尊重。

在工作中,每一个人都不可避免的要面对很多问题,如果遇到问题只是一味的找借口,这样只会让自己更加退缩。相反,而那些敢于担当责任的人,才能在解决问题的过程中学到更多的知识、积累更多的经验,这样才能不断地充实、发展自己,从而使自己逐渐地成长起来。

8 "敬业之心",走向优秀的第一步

有位总统在演讲的时候说过:"比其他事情更重要的是,知道怎样将一件事情做好;与其他有能力做这件事的人相比,如果你做的更好,那么,你就永远不会失业。"的确是这样,对于一个职业人士来说,不论你从事什么行业,敬业是其必备的精神。

敬业是员工的天职,也是员工从事工作时所必备的一种精神,更是衡量一个员工优秀与否的标准之一。在职场中,任何一位员工,只有将工作当成自己的事业,并为此尽心尽力,付出全身心的努力,抱着认真、一丝不苟的态度去工作,就一定能够最优秀的员工;相反如果在工作中挑挑拣拣、得过且过、拈轻怕重,这种员工无论从事什么工作都不会受到老板的欢迎。

一位企业家曾对员工说:"一个人应该做好自己的本职工作,你选择了哪一行就要干好哪一行。"只要每一个员工虔诚的对待自己的职业,以敬业的态度来对待,全身心的投入到工作中,就一定能够收获一个完美的

结果。

张扬中专毕业之后到城里打工，由于学历有限，他只能在一家公司的收发室工作，负责一些报纸、信件的分发、派送。按照公司的规定，张扬必须先通过3个月的试用期，然后才能转正。

虽然只是一个很普通的工作，但是张扬却十分珍惜这份工作，平时在工作上非常认真，每次都能够按时完成公司交给的任务，在他工作的两个月中从来没有出现一次差错。张扬原本以为自己会在这家公司慢慢地发展下去。

孰料，天有不测风云，公司由于资金周转失灵，一下子陷入了僵局，没过半个月就被另外一家高科技公司给接收了。因为接收的这家高科技公司，对人才的要求非常高，因此，看到这种情况，很多人都觉得自己要被淘汰了，就主动不来上班了。

在这段等待交接的时间中，按理说张扬完全没必要来公司上班了，因为他还只是一个临时工，况且很多正式员工都已经很多天没来上班了。而张扬自己心里也非常清楚：新单位是不会留下他这样一个学历不高的临时工。但是他仍然像往常一样，把报纸、信件送到各个部门，然后再回来打扫卫生。

终于，到了交接的最后一天，张扬也知道自己是在这个岗位上的最后一天了，因此，他分外的珍惜。这一天，他像往常一样，仔细做完了最后的工作，正当他要离开的时候，一位年轻人走了过来，"好多人都不来了，你怎么一直坚持到今天？""我明天也不用来了，但是今天的活我必须得干完、干好，才能回家。我马上就要去交钥匙了，这样我就能放心地离开了。"张扬回答道。说着，张扬看到收发室的一把椅子有点坏了，于是他就走了过去，把椅子修理了一下。

等到张扬去交钥匙的时候，发现公司的用人名单已经张贴出来了，令张扬吃惊的是，自己的名字就在其中。正当张扬发愣的时候，那位年轻人走了过来，拍拍他的肩膀说："我是这家公司的董事长，我之所以会留下你，就是觉得你对待工作十分敬业，并且做事有责任心，我们公司就是需要这样的好员工。”

张扬原本是一个非常普通的员工，面对公司交接的风波，依然能够尽职尽责的做自己的事情，这也为他赢得了新公司的青睐，赢得了更好的发展空间和更多的发展机会。在职场中，不同的工作态度决定了不同的结果，同样是一同迈进公司大门的员工，有的人成为公司中的骨干，得到老板的器重；有的人却一直在自己的岗位上碌碌无为。事实上，之所以会有如此大的差距，关键在于员工敬业与否。职场中，敬业是衡量员工优秀与否的一个重要的标准，无论有多大的能力，如果没有敬业精神，势必会与优秀员工失之交臂。

小孟是一家制造厂的电焊工，从他进工厂的第一天开始，小孟就整天喋喋不休的抱怨自己的工作辛苦，整天挂在嘴边的就是“这工作不但太累，而且还很脏，别人也看不起这份工作，我真是讨厌这份工作。”

在这种情绪下，小孟每天工作的时候都是应付差事，不但在工作中磨磨蹭蹭，还经常趁老板没在偷懒，把自己手头的活推给一同来的同事身上，自己常常坐在外面发牢骚。

时间一晃就过了两年，在这两年中，小孟从来没有注意过自己的工作，每天都是得过且过。而同小孟一同进来的同事，在这两年中，工作经验迅速增加，他们凭着自己精湛的手艺，被公司派去培训，成为公司中的技术骨干。而小孟，依旧在原来的岗位上，怨声载道的做自己的电焊工。

像小孟这样一个不敬业的职业人士，无论过多少年，他的工作都是做不好的。这样的员工，不但不会得到领导的赏识，还极有可能被领导炒鱿鱼。

在一所学校中，有一位年过花甲的老人，她不是学校的老师，主要就是负责给学校拉上课铃。她在这个工作岗位上一做就是 30 年。在这 30 年中，无论刮风下雨，她都能坚持拉铃，从没出现差错。

在这30年中，这位老人送走了一批批学生，自己也由“阿姨”变成了“奶奶”。在老人70岁的时候，由于年龄太大了，实在不能继续在学校工作了。当她离开学校的那一天，校长和所有的老师都来为她送行。他们为老人准备了一份礼物——一件纯毛毛衣。

然而当老人看到礼物的时候却断然拒绝了，说：“我只想要一样东西。”说着，老人从屋子里拿出了一个红布包，里面包裹的竟是一只学校前段时间淘汰的铜铃。老人接着说：“这个铜铃陪我过了大半辈子，我想把它带回家，看见它就能想到我工作的日子。”

老人默默无闻的在一个普通的岗位上做了30年，在这个岗位上，老人无怨无悔地做好其中的每一件事，这不仅仅是一种爱岗精神，更是敬业精神的深化。相信，每一个人都会被老人的敬业精神所感动。

在职场上，哪怕我们的工作岗位平凡得如同拉铃的老太太，也要时刻保持敬业的精神，只有这样，才能让我们的工作有意义，才能使我们拥有更多的机会，取得更大的成绩！

9 敬业，更要精业

在当前职场中，最受欢迎的员工不仅仅需要敬业就可以了，必须在敬业的基础上还要精业。在工作中，干一行、爱一行固然重要，但更重要的是干一行、爱一行、精一行，只有精通自己的工作，才能成为领域的专家，才最容易取得成功。

在工作中，无论从事什么行业，如果能够尽心尽力，做到干一行、精一行，才能创造出非凡的业绩，才不会在竞争中被淘汰；相反，如果自己没有精通自己的行业，在工作中屡屡出现错误，还有什么理由为自己被淘汰叫屈呢?

在一家五星级的大酒店中,有一位年轻的小厨师,他没有什么特别的长处,做不出特别上场面的大菜,他只能在厨房中打下手。再者,小厨师人长得也不英俊,非常憨厚,无论谁说他两句,他也不反驳。因此,尽管小厨师在酒店中已经工作了一年,但是谁也没有注意到他的存在。

有一次,酒店中来了一位长期包住的贵客。一段时间后,贵客把酒店中的所有甜点都吃够了,就是没有新鲜的。在一个偶然的机会,那位贵客无意中发现那个小厨师做的一道甜点,看起来非常特别。原来这就是那位小厨师的拿手甜点:他把两个苹果的果肉都放进一个苹果之中,那只苹果因此显得特别丰满,可是外表上无论如何也看不出来是两个苹果拼凑的,好像就是天生长成那个样子一般,并且果核也被巧妙的去掉了,口感也非常的香甜。

这个甜点一下子引起了贵客的注意,她每周来酒店的时候都会点这道甜点。

就在这个时候,由于受到经济危机的影响,酒店中开始大规模的裁员。这个时候,很多好的厨师都忍着眼泪离开了酒店,而那位不起眼的小厨师却依然留在酒店中。为此,很多人纷纷议论,甚至有的员工认为小厨师有着很硬的后台。

后来,经过酒店经理的解释大家才明白,原来那位贵客是酒店中最重要的客人,而那位贵客则是非常喜欢小厨师做的甜点,因而小厨师能够不被裁员,成为酒店中不可或缺的人。

一个不起眼的小厨师,为什么能够经受得起裁员的风浪,继续留在酒店中呢?答案就在于小厨师精通一种甜点,除了小厨师没有人能够做得出,因而小厨师成为酒店中不可或缺的人。同样,在职场中,只有精通自己的行业,成为自己职业领域内的专家,才能够轻轻松松创造出他人无法创造出的良好业绩。

罗国洲是重庆煤炭集团永荣电厂的一名员工，他在公司已经工作了整整30年，在这30年中，罗国洲从一个烧锅炉的一步步走到司炉长、班长、大班长。在这30年中，罗国洲深深地爱着陪伴他成长的锅炉运行岗位，他就是在这个岗位上实现了自己的成功，让他感觉到作为一名技师的荣耀和自豪。

公司提到罗国洲，没有人不赞扬的。在公司中，人们都知道罗国洲有一副听漏的“神耳”，只要他围着锅炉转上一圈，就能在炉内的风声、水声、燃烧声和其他声音中，准确的听出锅炉受热面是哪个部位的管子有泄漏声；他往表盘一坐，就能在各种参数的细微变化中，准备的判断出哪个部位有泄漏点。

除了这一点，罗国洲还练就了一手锅炉点火、锅炉燃烧调整的绝活。在用火、压火、配风、启停等多方面，他都有独到的见解。针对锅炉飞灰回燃不畅的现象，他提出技术改造和加强投运管理建议，使得锅炉飞灰含量大大降低，为企业年节约了30多万。针对锅炉的传统运行除灰方式存在的问题，罗国洲提出“恒料层”运行，为企业年节约200多万。

罗国洲正是由于自己的精业，为公司创造了巨大的价值，从而也为自己赢得了美好的发展前途。如果在工作中，不能精通自己的工作，对待工作只能敷衍了事，最终必然会在竞争中被淘汰。即便是幸运的留下来，也无法实现事业的高峰，只能在原来的岗位上徘徊不前。

王鹤大学毕业之后，进入一研究所工作，该研究所中的很多人都拥有比王鹤更高的学历。在王鹤刚刚进入研究所的时候，压力非常大。但是没过多久，王鹤就发现研究所中的很多人并不敬业，他们把大部分时间都放在了吃喝玩乐上，很少有人坐下来仔细钻研课题。

然而王鹤并没有这样做，他依然扎扎实实的工作，刻苦的钻研课题，当别人都下班的时候，王鹤还在辛辛苦苦的做实验、写报告。经过一年多的努力，功夫不负有心人，王鹤终于研究出了成果、申请了专利，并且还发表了几篇影响力很深的论文。

之后，王鹤一如既往的工作，慢慢地成为研究所中的“顶梁柱”。

进入一个行业之后，不论自己的学历高低，只要能够扎扎实实的钻研，精通自己的行业，就一定能够实现自己的目标。然而在现实工作中，很多员工都是得过且过，对自己所在的行业一点儿也不了解，在工作的时候经常是心不在焉，懒懒散散，对自己的工作一知半解，在工作中从不精心钻研自己的业务知识，在工作中遇到问题也是运用一些小伎俩蒙混过关。这样的员工，永远都无法成为行业中的领头兵，永远无法得到公司的重任。

10 “学习之心”，不断的超越自我

常言道：“满招损，谦受益。”任何一个人，只有做到多学、多做、多问，才能不断地提高自己。在职场中，面对迎面而来的机会，我们主要依靠的就是能力，而我们的能力又从学习中得来。因此，不论你从事何种职业，也不论你曾经有多么高的学历，在工作中，一定要不断的学习。否则当机会来临时，就会因为自身的努力不够，而使机会和自己擦肩而过。

在职场中，不论员工的基础水平高低，只要拥有一颗“学习心”，就一定能够不断地超越自我，在平凡的岗位上创造出不平凡的业绩。正如一位名人所言：“一个人文化基础差，但是追求不能差；知识水平低，但是志向不能低。”对于任何一个职场人士来说，只要通过源源不断的学习，就一定能够战胜自己，从而将自己推向成功的顶峰。

在美国的现代金融界，有位传奇的投资大师，他以惊人的才华，仅仅用了10年多的时间，就把2000万美元变成了数百亿美元，创造出了震惊美国，乃至世界的“林奇现象”，他就是美国著名的投资大师——彼得·林奇。

林奇虽然被人们称为金融界的一大奇才，然而林奇并没有多少令人骄傲的背景和后台，他有的只是在艰苦的环境中，通过自己的不断学习，依靠自己的艰苦奋斗，一步步走向成功的顶峰。

林奇出生在一个贫困的家庭，在他11岁的时候，为了增加家中收入，不得不来到一家高尔夫球场做球童作兼职工作。在高尔夫球场中工作的时候，林奇经常从球手们的谈话中听到有关股票方面的一些知识，不久，他就对股票产生了好奇。从此，林奇决定长大以后要从事股票经营的事业，并且要在这个事业中实现自己的人生价值。

后来，林奇考上了波士顿学院，在学校的时候，林奇除了必修课之外，还选修了很多学科，例如：玄学、认识论、逻辑学、宗教和古希腊哲学等。表面上来看，这些学科似乎和股票没有一点关系，但是林奇觉得股票投资是一门艺术，需要一个人更多的综合素质。他深信，一个人只要拥有渊博的知识和全面素养，就能更好的驾驭股票投资，从而成为股市投资大师。

当林奇在波士顿学院学习的第二年，林奇便开始尝试做一些股票投资。在一个偶然的机会，他读到了一片关于空运发展前景的文章。在文章中，林奇了解到当时航空公司发展的实际情况，并得知飞狐公司就是其中一家最具发展前景的空运公司。于是他用自己当球童挣来的1250美元，以每股7美元购进了他的第一笔股票——飞狐航空公司的股票。

果然不出所料，短短的两年时间中，空运开始受到人们的青睐。而林奇所购买的飞狐股票也从原来的7美元一下子涨到了33美元。林奇在转眼间就赚得了很大一笔钱。第一次股票投资不仅显示了林奇卓越的投资才华，更为林奇读研究生提供了充足的资本。

很快，幸运之神再一次光顾到林奇的头上。一年暑假，美国著名的大公司——麦哲伦公司总裁苏利文主动邀请林奇来自己的公司工作。此后林奇一直在麦哲伦公司工作,8年之后,林奇终于通过自己的努力,一步一步升任为公司的总经理。

林奇之所以会有如此大的成就,关键在于林奇能坚持不懈的努力学习,如果林奇没有主动学习的精神,即便是机会出现在他的身边,他也无法将其把握住。在职场中,一个优秀的员工不仅仅是靠环境、机遇、天赋等因素来成就的,更重要的是源源不断的求知力、学习力来造就的。

王生出生在一个山村,高中毕业之后就来到城市打工,由于学历不高,王生只有在一家工业包装公司做了一名普通的工人。厂子里有许多和王生年龄相仿的人,在工作之余,大家都喜欢聚在一块聊天,然而王生却和大家不同,他经常找一个没人的角落,静静的看书。

刚刚进公司的时候,王生对公司的值班流水线很陌生,为了尽快的熟悉操作流程,他凭着自己不服输的干劲,努力钻研,经常是别人都下班了,王生还在公司忙碌。没过多久,王生就熟悉了整个操作流程。但这时候,王生又开始翻越大量的技术书籍,并且积极地向一些老员工请教,很快就从众多普通的员工中脱颖而出。

一次偶然的机会,王生发现生产线似乎存在一些设计上的弊端,于是他就开始摸索工艺调整方法。经过多次试验,终于将产品的合格率提高了4个百分点,直接为公司创造出了巨大的利润。

与此同时,王生也得到公司的破格提拔,成为公司中的一名年轻的主管。

在职场中,不乏王生这样的员工,虽然自身的条件非常差,但就是凭着自身的那种学习劲头,一步一步地走向了成功;然而,在职场中同时也有很多原本非常优秀的人,只因为在工作之后停止了学习的脚步,使自己在工作中一点一点地消沉下去。据一项研究表明,一个人如果在某一领域很有学问，但是如果停滞不再学习，在五年之间，马上就会进入所谓的“知识半衰期”。

因此，在竞争日益激烈的环境下，任何一位员工如果想要拥有灿烂的明天，就不能停滞自身的学习，不论曾经有多么高的学历或是经验，一旦离开了学习，就会慢慢地被公司淘汰，被社会淘汰。

11 向他人学习，充实自己

几千年前，孔老夫子就告诉我们：“敏而好学，不耻下问。”“三人行必有我师焉。”任何一个人的力量总是有限的，所知道的知识也是有限的，只有学会学习他人身上的长处，不断地充实自己，才能使自己不断地提高，才能更好地解决出现的问题。

在职场中更是如此。职场人士在工作中不可避免的会遇到很多问题，而每一个人的知识毕竟是有限的，只有向其他同事多问、多学，才能在职场中进退自如，才能更好地发展自己，获得事业上的成功。

尤其是对于刚刚步入职场的新手来说，自己在各个方面都非常欠缺，在这时候，就必须学会向工作中的老员工请教。平时可以多听他们的教诲，遇到难题可以向他们咨询一下，不要觉得自己学历高就刚愎自用，那样只会给自己带来不利。

陆俊博士毕业之后被分到一家研究所工作，在这家研究所中，很多人都是研究生，仅有的几个博士也只是毕业于一般的大学，而陆俊则是毕业于名牌大学。

一天，他去公寓附近的池塘钓鱼，正好遇到两个同事也在那边钓鱼，两个人看到陆俊过来，热情地跟他打招呼，陆俊勉强点点头，心想：“跟两个研究生有什么好说的，不如自己钓鱼。”

正在他钓鱼的时候，陆俊发现其中的一个同事放下鱼竿，伸伸懒腰，然后“噌、噌、噌”的就从水面上走到对面上厕所去了。

陆俊顿时傻了眼，心想：“这是怎么回事？难道他会水上飞吗？”陆俊非常想知道是怎么回事，但是又觉得自己是博士生，不好意思去问。

又过了一个小时，另外一个同事也“噌、噌、噌”地从水面上漂过。这时，陆俊惊呆了，还真以为自己在做梦呢。过了一会儿，陆俊也想上厕所，但是看到眼前的池塘，陆俊不相信只有那两个研究生能做得到。于是他也照着前两个同事的方法过池塘。

谁料，只听到“咚”的一声，陆俊就栽到了水里，两位同事见状，赶紧将他从水中拉了上来。当两位同事问陆俊为什么要下水的时候，陆俊回答：“为什么你们可以走过去呢？”两个人相视一笑道：“这池塘里有两排木桩子，由于这两天下雨，木桩子被水淹没了。我们都知道木桩子的位置，所以才能过得去，你怎么也不问一声呢？”

一个看似很荒诞的事情，却揭露了一个颇为常见的现象。在如今的职场中，有很多像陆俊这样的人，他们拥有很高的学历，因此在工作的时候，往往自视清高，觉得自己什么都精通，当遇到问题的时候，不愿意向同事请教，结果却“一头栽倒在池塘中”。

不论曾经有过多么辉煌的历史，在工作中一定要懂得“三人行必有我师焉”的道理。每一个人的知识都是有限的，在工作中如果能够及时向其他员工请教、学习，然后在工作中不断地提升自己，就一定能够收获事业上的成功。

周小红从外国留学回来，直接被一家大型企业录取了。在工作中，周小红像大多数海归派一样，有着天之骄子的骄傲而自视清高。因此，在工作中，周小红非常看不起身边那些比自己学历低的人，甚至连有些学历不如自己的领导也不放在眼里。

在前两个月的工作中，周小红经常不把领导和同事的意见放在心中，常常觉得他们的意见没有价值。因此，两个月下来，周小红的业绩因为自己的鲁莽一再失败。

这时候，周小红突然想起毕业时老师对他们的忠告："在职场中，每一个人都是你们的老师，不要把自己当成一个重要的人物，自己什么都不是，什么也没有，只有好好地向你的领导、同事学习，才能成为一个有用的人才。"

于是，周小红主动找到部门主管，请求去最基层的部门工作、学习，主管听到以后尽管非常惊讶，但仍然同意了周小红的要求。在基层中，周小红完全抛弃了自己天之骄子的身份，虚心地向身边的同事学习，很快就成长了起来。

半年之后，周小红凭着自己的努力，终于成为公司中的金牌员工。

在工作的时候，面对工作中出现的问题，一定要知道"两个人的智慧胜于一个人"的道理，如果能够重视身边的每一个同事，积极地、主动地向每一个员工学习，经常"厚着脸皮"跟身边的同事探讨工作经验，就一定能够成就自己的事业梦想。

张杰毕业之后到国内最大的一家灯具公司上班，刚到公司之后，张杰在很多方面都有欠缺，但是张杰是一个非常懂得学习的人，他在工作中经常向一些老员工请教，询问他们的工作经验和技巧。不久，张杰就可以潇洒自如地进行工作了。

有一天，老板带着张杰去和另外一家公司进行谈判。在谈判的时候，张杰发现自己的老板非常有才能，居然是一个谈判高手，无论对方问什么样的问题，老板都能沉着回答。回去之后，张杰突然非常希望学习老板的谈判技巧。

于是，以后每当有机会跟老板一起去谈判的时候，张杰都会偷偷地带一个微型录音机，将老板和对方的谈判内容一一录下来，回家之后再反复的揣摩、练习，从中分析出老板解决问题的思路、方法。

就这样练习了几年之后，张杰也成为了一个谈判高手，并且成为公司中一个顶梁柱。

在职场中，领导之所以能够成为领导，一定有他们的过人之处。在任何一个单位中，领导都是最大风险的承担者，并且还要经受各种压力，因此可以说，任何一个公司的领导都有优秀的一面。如果在工作中能够主动地向领导学习，学习领导的处事方法、领导的心态、领导的思维，就一定能够帮助你成为一个最优秀的员工。

职场是一所大学，只有学会向别人学习，才能少走弯路，才能踩着别人的脚印一步步走向成功！

附　录

测测你具有团队精神吗

1. 在某次会议上,你发表的演讲非常精彩,会后几位同事都向你索取讲话纲要,你是(　　)

A. 同意并立即复印

B. 同意但并不十分重视

C. 同意但转眼就忘记

2. 如果你参加了一个新技术培训班,学到了一些对许多同事都有益的知识,你是(　　)

A. 返回后立即向大家宣布并分发参考资料

B. 只泛泛的介绍一下情况

C. 把这个课程贬得一钱不值,不泄漏任何信息

3. 如果在下班路上,某个同事向你倾诉工作时的种种“苦水”,你的反应是(　　)

A. 认真倾听,并努力为他做出排解

B. 当做是日常聊天,对其简单安慰几句

C. 反应很强烈,也把自己的工作“苦水”向其倾诉一番

4. 在你工作比较忙的时候,有同事向你请教一个问题,你会(　　)

A. 立即为其耐心解答

B. 对他说现在比较忙,过一会儿再给他解答

C. 很不耐烦，不想给他解答，让他去问别人

5. 一个周末的晚上，你和几位朋友约好聚餐，不巧你的部门要加班，你会(　　)

A. 给朋友打电话会晚些到，安心继续工作

B. 有些抱怨，偏偏赶在这个时候加班，心神不定地留在公司

C. 对同事说确实有急事，早点下班去赴宴

6. 如果某位与你竞争最激烈的同事向你借一本经营管理畅销书，你是(　　)

A. 立即借给他

B. 同意借给他，但声明此书无用

C. 告诉他书被遗忘在火车上了

7. 如果某位同事为方便自己出去旅游而要求与你调换休息时间，在你还未决定如何度假的情况下，你是(　　)

A. 马上应允

B. 告诉他你要回家请示夫人

C. 拒绝调换，推说自己已经参加旅游团了

8. 在公司中，同事有困难时你是否能主动帮助(　　)

A. 我确实经常帮同事一些小忙

B. 有时会帮忙

C. 很少有过

9. 公司中有没有你不太喜欢的同事，比如由于工作作风、言谈举止、形象气质等方面而反感他(　　)

A. 没有这样的人，感觉大家都很好，很融洽，就像一家人

B. 有个别这样的人，确实有些反感

C. 有一部分这样的人，和他们在一起就不舒服

10. 当你发现某个同事工作上有点小问题时，你会(　　)

A. 立刻找机会提醒他

B. 觉得这和自己无关，不会放在心上

C. 有些幸灾乐祸，等着看他出丑

测试说明：

以上各题中，选 A 得 2 分，选 B 得 1 分，选 C 得 0 分，请将所得的各分数相加。

14～20 分：说明你和你的组织有很好的团队合作能力，在工作中只要你好好发挥这一能力，就一定能够利用团队取得成功。

7～13 分：你的团队合作能力一般，找一找你都有哪些缺陷，自己有哪些可以改善的方面，加强团队合作。

0～6 分：你的团队合作能力比较糟，多半是出在你自己的问题上，赶快加强团队合作意识吧。

沉痛的代价

黑龙贵、马拉地地处鄂尔多斯和乌海市交界处，一条几十公里的山沟，有几百孔白灰窑密密匝匝地蜿蜒而上，像溃烂的伤疤一般刺目扎眼。

林立的烟囱占据了原来的草原，浓烟滚滚，气味刺鼻，城市和山脉都被遮蔽，在几公里外，看不清城市和山脉的轮廓。如果近千家重污染企业一起冒烟，方圆几十公里之内，中午就像是刚落日的黄昏。

内蒙古西部这一片规模巨大的工业园区是从上世纪 90 年代末期开工建设的，在三地交界处的乌海市周边 99 平方公里的土地上，雨后春笋般地建起了 5 处高载能工业园区，累计引进各类工业企业近千家。相邻的乌海市、鄂尔多斯市和阿拉善盟立足于当地丰富的煤炭、电力和矿产资源优势，纷纷制定优惠政策招商引资。

这些园区，无一例外都是以高耗能、高污染的企业为主要的引进对象。公乌素镇开发区、乌达工业园区、乌斯太工业园区、阿拉善左旗工业园区、棋盘井工业园区都挤在内蒙古西南部与宁夏回族自治区交界不大的空间里。

黑龙贵、马拉地，是其中著名的煤矿、焦炭、白灰生产基地，主要生产白灰，为电石厂、炼钢厂提供原料。石灰烧制工艺简单，仅仅需要一口窑，再用煤炭将运来的石灰石烧制即可。随着近年来高速公路等基础设施建设力度的加大，石灰的需求量大增，价格也一路上涨。

窑越开越多，对人力的需求也就一直不减。一万多民工来这儿打工，他们拖家带口，大多来自甘肃、宁夏、四川、内蒙等地的一些贫困地区。

他们在这里开山采石、烧窑、敲白灰块，每天工作十几个小时。工作条件十分恶劣，浓浓黄烟和刺鼻的气味让人头晕流泪，即使盖上头巾戴上口罩还是呛得受不了。

烟尘中的二氧化硫每天都在威胁着民工们的呼吸道。人体吸入低浓度二氧化硫，会引起胸闷和鼻、咽、喉部的烧灼样痛，以及咳嗽等不适。吸入高浓度二氧化硫可引起肺水肿，甚至立即死亡。

像开山采石灰石的民工危险性就很大，每年都死伤几十人。烧窑工也很危险，经常中毒休克。技术含量最低的工种是敲石灰块，这活虽然脏点，但相对安全。即便如此，也干不了几年。民工们患上咳嗽、咽炎的概率非常高，一旦病重就只能回老家了。

其实为了应付突击检查，不少窑已经添置了脱硫的除尘设备。但为了控制成本，这些设备大多成了聋子的耳朵，并不启用。粉尘污染依然非常严重。因此窑厂的老板们都很少到这里来，每天靠工头监督干活。

（摘录自腾迅网）